G. F. L. Stanglmeier

Versteckt, verschollen, vergraben

G. F. L. Stanglmeier
unter Mitarbeit von Beat Biffiger

Versteckt, verschollen, vergraben

Pharaonenschätze, die noch zu finden sind

Mit 43 Fotos

Herbig

Vorsatz: *Das Pyramidenfeld von Giseh bei Kairo.*
Gibt es in den Königsgräbern noch unentdeckte Kammern und verbindet ein unterirdisches Gangsystem die Monumentalbauten?
Nachsatz: *Das geheimnisumwitterte Tal der Könige in Theben-West. Längst sind hier noch nicht alle Grabanlagen entdeckt worden.*

Besuchen Sie uns im Internet unter
www.herbig-verlag.de

Umschlaggestaltung: Wolfgang Heinzel
Herstellung und Satz: VerlagsService Dr. Helmut Neuberger & Karl Schaumann GmbH, Heimstetten
Gesetzt aus der 11/14 Punkt Stempel-Garamond
Druck und Bindung: GGP Media GmbH, Pößneck
Printed in Germany
ISBN 3-7766-2451-5

*Für Gisela
und Rossella*

Inhalt

1
Vorwort

Das »Virus Ägyptomanie« oder die wahre Faszination des alten Ägypten.

Haben Sie zufällig bereits Ihre nächste Urlaubsreise gebucht – vielleicht sogar nach Ägypten? Dann rate ich Ihnen: »Passen Sie gut auf sich auf!« Denn dort liegt die Brutstätte einer heimtückisch grassierenden Krankheit. Das Virus heißt »Ägyptomanie«.

Selten ist die »Ägyptomanie« heilbar. Die alles überragenden Pyramiden, die kunstvoll bemalten Gräber und die mit Hieroglyphen übersäten Tempelsäulen, all das trägt dazu bei, dass derjenige, den das Virus erst einmal befallen hat, es sein Leben lang nicht mehr verliert.

Aber sind das wirklich sämtliche Ursachen für die »Faszination Ägypten«? Nein.

Da ist noch etwas, etwas anderes in den abgründigen Tiefen unserer Seelen. Es ist sehr profan und wird deshalb nur selten eingestanden, denn: Es handelt sich um den wahren »Fluch der Pharaonen«, nämlich ihre unermesslichen, sagenhaften Schätze!

Denken wir nur an die unvergleichlichen Kostbarkeiten im Grab des Königs Tutanchamun. Goldene Särge, Geschmeide in meisterlicher Anfertigung, dazu wertvolle Truhen, Schatullen aus Elfenbein – die Aufzählung könnte noch seitenweise fortgeführt werden. Insgesamt umfasste das Grabinventar über 5000 Einzelstücke.

Und wer, seien wir ehrlich, hätte sich nicht schon gewünscht, einen derartigen Schatz selbst aufzuspüren? Über Tutanchamun wurden Hunderte Bücher publiziert. Ich habe selbst auch einen Band dazu beigesteuert. Doch es ist nicht das bloße Interesse an dem Knabenkönig, das die Menschen noch über dreitausend Jahre nach seinem Ableben in Bann schlägt – sehr wohl allerdings seine unglaublich wertvollen Grabbeigaben.

Doch so viele Publikationen auch über die im Laufe der Zeit entdeckten Pharaonenschätze erschienen sind, so konnte ich nie einen Band aufstöbern, der sich mit Reichtümern befasst, die noch im Wüstensand auf ihren Finder harren. Gibt es solche Schätze etwa nicht mehr? Ist »Kemet«, wie die alten Ägypter selbst ihr Land nannten, schon all seiner Funde beraubt? Die Antwort fällt eindeutig aus: mitnichten! Nach dreijähriger Recherche konnte ich feststellen: Ägyptens Boden muss noch weitaus mehr Gold und Juwelen bereithalten, als bis heute insgesamt aufgespürt wurde!

Meine Nachforschungen ergaben aber längst nicht nur eine bloße Aufzählliste der Horte, die noch auf der Fahndungsliste der Ägyptologen stehen. In etlichen Fällen sind mit diesen Reichtümern vielmehr auch spannende Geschichten verbunden.

So erfuhr ich von vermummten Gestalten, die im flackernden Schein ihrer Fackeln nächtens nach goldenen Sarkophagen suchen. Und ich erhielt von fachkundigen Insidern brisante Dokumente zugespielt. Darunter – man glaubt es kaum – geheimgehaltene wissenschaftliche Berichte über noch unentdeckte Kammern in den Pyramiden.

Doch selbst das war längst nicht alles. Ich erfuhr von geheimnisvollen Gängen, mysteriösen Ereignissen und menschlichen Schwächen. So musste ich erkennen, dass auch bei berühmten Persönlichkeiten wie den Tutanchamun-Entdeckern Howard Carter und Lord Carnarvon in charakterlicher Hinsicht nicht alles Gold ist, was da glänzt. Letztlich fand ich sogar Hinweise auf verschwundene Schriftrollen. Papyri, deren sensationeller Inhalt unser Wissen über das Altertum revolutionieren könnte.

Kurzum: Ich stellte alsbald fest: Die Geschichten dieser Schätze sind so fesselnd, wie ihr Inventar wertvoll ist.

Freilich: Wie im »richtigen Leben« stieß ich auch auf amüsante Anekdoten. Etwa die von Butler Robert aus England, der jahrzehntelang über einen Pharaonenschatz wachte, von dessen Existenz sein Arbeitgeber keinerlei Ahnung hatte. Klingt das schon unglaublich, so wird mich mancher vollends für verrückt erklären, wenn er erfährt, dass Wissenschaftler fieberhaft einen Wasserfall im Tal der Könige suchen. Sie haben richtig gelesen. Es geht um einen Sturzbach in der vor Hitze flimmernden Luft der thebanischen Gebirgskette. Und das Beste daran: Wer den Wasserfall findet, hält den Schlüssel zum Grab einer einst einflussreichen ägyptischen Königin in Händen!

Ich lade Sie ein, mich auf meiner »Suche« nach den noch verborgenen Schätzen Kemets zu begleiten. Begonnen hat für mich alles vor 30 Jahren mit einem kurzen Fernsehbeitrag über ein kleines, unscheinbares Dorf in Zentralägypten. Denn dort, so ist es vielen alten Expeditions- und Ausgrabungsberichten zu entnehmen, wohnen die erfahrensten und zugleich erfolgreichsten Schatzsucher im gesamten Nilland.

2
Kurna 1975

Das bekannteste Dorf Ägyptens und seine »kleinen Geheimnisse«.

Kurna ist ein kleines Dorf, genauer gesagt ein Fellachen-Dorf auf der thebanischen West-Bank (siehe Bild 35). Angeblich geht seine Gründung auf das 13. Jahrhundert zurück.

Hier macht der Fortschritt eine Pause. Geteerte oder gepflasterte Wege fehlen. Die Trinkwasserversorgung sichern die Frauen. Sie transportieren, verschleiert selbstverständlich, das Wasser vom Nil hinauf zurück in ihr Dorf. In dickbäuchigen Tongefäßen. Auf dem Kopf. Die Krüge sind schwer, der Boden steinig, der Weg lang.

Und dennoch sind sie mit ihrem Schicksal keineswegs unzufrieden, denn in Kurna haben die Männer das schwerere Los gezogen. Kurnas Bauten, nordamerikanischen Pueblos nicht ganz unähnlich, sind nämlich zweigeteilt. Die oberirdischen, sichtbaren Häuser haben die emsigen Kurnawis im Laufe der Zeit selbst in mühseliger Arbeit errichtet. Den unterirdischen Teil, quasi den »Keller«, haben hingegen bereits die alten Ägypter angelegt. Vor Tausenden von Jahren begruben sie in Kurnas Boden ihre Angehörigen. Ja, was wie ein Horrorfilm-Szenario klingt, ist tatsächlich Realität: Kurna wurde über einem antiken Friedhof errichtet – und das mit voller Absicht!

Dienten ihren Ahnen diese Gräber als letzte Ruhestätte, so stellen sie heute für den Kurnawi eine gleichermaßen lukrative wie illegale Lebensversicherung und Altersvorsorge dar. Denn der streng verbotene Handel mit echten Aegyptica blüht nicht nur, er »boomt« regelrecht. Aegyptica ist der Fachausdruck für Hinterlassenschaften aus der Zeit des Pharaonenreiches. Sei es eine alte Tonscherbe oder ein prunkvoller Sarkophag – beides sind Aegyptica. Und davon haben die Kurnawis mehr entdeckt (und verkauft) als die meisten berühmten Archäologen wie beispielsweise ein Theodore Davis oder James Henry Breasted.

Chef des Kurna-Clans ist der betagte Scheich Ali abd el-Rassul (siehe Bild 26). Ali ist nicht nur alt, sondern auch geachtet. Respektvoll nennt man ihn den »König der West-Bank«. Aus gutem Grund. Ali Rassul ist der derzeitige »Pate« des mutmaßlich erfolgreichsten Grabräuber-Syndikats von ganz Ägypten. Der Scheich selbst weist das natürlich weit von sich. Entrüstet spricht das erfahrene Schlitzohr von »Verleumdung!«.

Scheich Ali hat seine Sippe fest im Griff. Müßiggang, »bei Allah«, duldet er nicht. Während sich die Frauen um die Deckung des Wasserverbrauchs mühen, graben, hämmern und wühlen sich im Keller die männlichen Familienmitglieder durch die altertümlichen Kammern und Stollen der Nekropole – fast wie ein Bergarbeiter-Kumpel im »Ruhrpott«. Um so mehr freut sich der Kurnawi über die seltenen, dann aber meist heftigen Regengüsse, welche die West-Bank heimsuchen und dabei stets die Topografie ein wenig verändern. Dann schwirren die Kurnawis wie Ameisen aus und durchforsten das umliegende Areal. Früher, so vor 150, 200 Jahren, zog es die Rassuls dabei stets ins Tal der Könige oder auch das Wadi der Königinnen.

Vorbei ist sie, die gute alte Zeit. Der heutige »Aegyptica-Jäger« muss neue Territorien durchforsten. So wie einst Achmed abd el-Rassul. Der vife Fledderer entdeckte in der zweiten Hälfte des 19. Jahrhunderts ein Mumiendepot in einer Felsspalte zwischen dem Tal der Könige und der thebanischen Nilebene. Darin befanden sich auch viele der berühmtesten Pharaonen wie beispielsweise Thutmosis III. oder Sethos I.

Alis Männer kennen die Geschichte. Sie wissen genau: Ein von den Fluten nur um wenige Zentimeter versetzter Felsblock kann den Blick auf einen versiegelten, unberührten Grabeingang freigegeben haben.

Am Abend, nach getaner Arbeit, sitzen die Frauen gemeinschaftlich vor dem Fernseher – falls die Stromversorgung funktioniert. Die Männer hingegen reden über die sagenhaften Schätze, die noch zu finden sind – obwohl Ali abd el-Rassuls Vorfahren schon viel Erfolg bei ihren Suchaktionen hatten.

Tun wir es den Rassuls gleich und beginnen mit unserer Suche nach den Schätzen Ägyptens dort, wo sie selbstverständlich am aussichtsreichsten ist – in der Elbe.

3
»Gottfrieds« Pharaonenschatz

Unglaublich, aber wahr: In Deutschland ist ein verschollener Pharaonenschatz zu finden – wenn man weiß, wo die »Gottfried« ihn verloren hat.

Es ist schon eigenartig, welche seltsamen Blüten politisches Großmachtstreben bisweilen treibt. Die Annahme, in öffentlichkeitswirksamen Bereichen wie dem Sport oder der Kultur »führend« sein zu müssen, nimmt teilweise groteske Formen und Auswüchse an. Die nachfolgende Geschichte verdankt ihren Ursprung derartigem antiquierten und doch nach wie vor aktuellem Gedankengut.

Zu Beginn des 19. Jahrhunderts sieht Aloys Ludwig Hirt, erster Ordinarius für Archäologie an der Universität Berlin, das kulturpolitische Prestige Preußens in akuter Gefahr. In einer 1823 gehaltenen Festvorlesung mahnt er: »Von (altägyptischen/Anm. d. Verf.) Privatsammlungen scheinen jetzt die von Salt und Drovetti die wichtigsten zu sein. Aber nicht nur diese sammeln.«

Hirt hat Recht. Europas Metropolen »rüsten auf« – mit Aegyptica, antiken Exponaten aus dem Nilland. Ob in Wien oder Turin, in London oder Paris, der Wettlauf um die größten und schönsten Sammlungen altägyptischer Artefakte ist in vollem Gange. Nicht auszudenken, wenn Preußens Hauptstadt auf diesem Gebiet ins Abseits geriete! Doch Gott sei Dank hat der Ordinarius die Gefahr rechtzeitig erkannt und verkündet nun nicht ohne Stolz: »Ähnliches haben bereits zwei unserer Landsmänner gethan: erstlich der Graf von Sack ..., und dann der Freiherr von Minutoli, dessen Sammlung sich von weit bedeutenderem Umfange und Wichtigkeit darstellt ...«

Johann Heinrich Carl Freiherr Menu von Minutoli (1772–1846) heißt eigentlich gar nicht so, sondern sein wahrer Geburtsname lautet vielmehr Nicolas-Jean-Henri-Benjamin

Menu. Ohne »von« und ohne »Freiherr«. Von Adel keine Spur. Der Vater war Uhrmachermeister. Und als waschechten Preußen wird man den im schweizerischen Genf auf die Welt Gekommenen wohl auch nur schwerlich bezeichnen können.

Das »von« bekam Minutoli aufgrund einer Familienverwechslung mit einem tatsächlichen Adelsgeschlecht gleichlautenden Nachnamens in Italien später auf höchsten Erlass hin zugesprochen. Den Titel »Freiherr« genehmigte er sich selbst.

Nach Preußen verschlug den Freiherrn seine Affinität für das Militär. Doch das war allenfalls seine zweite Leidenschaft. Das Sammeln von antiken Artefakten bildete stets den Mittelpunkt seiner Interessen. Dieser Passion frönte er mit überaus großem Erfolg. 1815 zählte Minutolis Anhäufung bereits über 1000 Objekte.

Rauschende Feste am Fuß der Pyramiden

Das durch die napoleonische Ägypten-Expedition (1798) entfachte Interesse an der alten Kultur des Nillandes ergriff auch von Minutoli Besitz. 1820 war es schließlich so weit: Als Leiter einer kleinen Forschungsgruppe reiste der ehemalige Kadettenausbilder nach Ägypten.

Anschaulich gelingt es von Minutoli später in seinem Erlebnisbericht »Reise zum Tempel des Jupiter Ammon in der Libyschen Wüste und nach Ober-Ägypten in den Jahren 1820 und 1821«, ein farbiges, lebensfrohes und zugleich doch wirklichkeitsnahes Bild jener ersten »Forschungsreisen« zu zeichnen. So schreibt von Minutoli über seinen Aufenthalt bei den großen Pyramiden von Giseh im Dezember 1820: »Die Pyramiden besuchte ich mit einer großen Gesellschaft von Herren und Damen; ein Lager von mehreren Zelten wurde bei einer Katakombe in der Nähe der zweiten Pyramide aufgestellt ...« Der Freiherr fährt fort: »... der Scheik der Pyramiden, viele Araber und eine bedeutende Dienerschaft mit Pferden, Kameelen und Eseln waren in Abständen umhergelagert, und ihre malerischen Gruppen um die Bivouakfeuer (Bezeichnung für die Feuerstelle eines Zeltlagers/Anm. d. Verf.), bei hellem Mondschein, erhöhten den Zauber und die Majestät der uralten Denkmäler, deren Riesengröße blos in der Nähe imponierend ist« (siehe Bild 5).

Doch solchen Gesellschaften widmet sich der Expeditionsleiter nur am Rande. Sein Hauptaugenmerk gilt dem Sammeln von möglichst vielen und möglichst anschaulichen Antiquitäten – ein Ansinnen, das stets oberste Priorität behält. Dabei gelingt von Minutoli so manche beachtenswerte archäologische Erstleistung, die jedoch später in Vergessenheit geriet. Wer weiß schon, dass er als erster Europäer überhaupt in die von dem Universalgenie Imhotep (siehe nächstes Kapitel) errichtete Stufenpyramide des Pharao Djoser (siehe Bild 6) vorgedrungen ist?

Für Preußens Glanz und Gloria

Entsprechend ihrem Engagement war auch die Ausbeute der Gruppe an Artefakten. Bereits im April 1821 traf ein umfangreicher Aegyptica-Schatz in Berlin ein – eingelagert in 23 Kisten unterschiedlicher Größe. »Die darin verstauten Artefakte«, so der Berliner Archäologe Harry Nehls, der sich intensiv mit von Minutolis Biografie beschäftigte und dazu mehrere Aufsätze verfasste, »sollten den Grundstock des Ägyptischen Museums in Berlin bilden« (siehe Bild 4). Zweifellos der wertvollste Teil der gesamten Ladung bestand aus einer Kollektion von 55 Papyrusrollen.

Und das war nur der Anfang! Man durfte gespannt sein, was Preußens Antikensammler auf seiner mitunter gefährlichen Reise noch alles an Artefakten erworben hatte. Denn: Weitere 97 Kisten, gleichfalls angefüllt mit altägyptischen Kostbarkeiten, sollten noch folgen.

Die Ladung wurde im Dezember 1821 in der italienischen Hafenstadt Triest auf die in Greifswald gebaute Galeasse »Gottfried« verfrachtet. Die Galeasse war ein in den Niederlanden konstruiertes Segelschiff, das in zwei Versionen gebaut wurde. Einmal als Fischerei-Segler und dann als Frachtschiff-Typ, zu dem natürlich auch die »Gottfried« zählte (siehe Bild 1). Am 10. des gleichen Monats verließ die »Gottfried« den schützenden Hafen und machte sich auf die Reise durch das westliche Mittelmeer und anschließend in nördlicher Richtung durch den Atlantik ihrem Bestimmungshafen Hamburg entgegen.

An Bord des Frachters befand sich eine fünfköpfige Mannschaft unter dem Kommando von Kapitän Heinrich Jacob Riesbeck. Er war ein erfahrener Seemann und galt als umsichtig.

Die Reise verlief, soweit bekannt, ohne größere Probleme.

Tragödie in der Elbmündung

Doch das Schicksal ist manchmal grausam. Man ist praktisch schon am Ziel – die »Gottfried« fährt bereits in die Elbmündung ein –, als sie in der Nacht vom 11. auf den 12. März 1822 in einen schweren Orkan gerät. Gegen die gewaltige Sturmflut hat die »Gottfried« nicht die geringste Chance. Es grenzt schon an ein Wunder, dass wenigstens ein Besatzungsmitglied, der schwedische Matrose Skutte, das Unglück überlebt. Die restliche Mannschaft versinkt mit der »Gottfried«

in der aufgepeitschten See – und mit ihr von Minutolis Pharaonenschatz. Bis auf einige Stücke, die bald darauf als Treibgut an Land gespült werden. Sie stammen ausnahmslos von den auf Deck festgezurrten Holzkisten. Ihr makabrer Inhalt, Mumien und bemalte Holzsärge, wird auf einer Auktion am 4. September 1822 in der Hansestadt Hamburg versteigert. An wen und wohin, ist bis heute ein Geheimnis.

Die unter Deck eingelagerten schweren Objekte, darunter viele Stelen (mit Inschriften und Bildern versehene Steinplatten) und ein wuchtiger Steinsarkophag, sind hingegen allesamt verloren. Und so ruht der »Gottfried-Schatz« unwiederbringlich gekentert in der Elbe, irgendwo zwischen Helgoland und Cuxhaven.

Unwiederbringlich? Nicht, wenn es nach dem Ägyptischen Museum Berlin geht. Dort bemüht man sich seit den Siebzigerjahren des 20. Jahrhunderts, den »Gottfried-Schatz« mit modernster Technik zu bergen. Treibender Motor ist Dr. Joachim Karig, der stellvertretende Direktor des altehrwürdigen Museums. Aber seine akribische Recherche führte nicht zum erhofften Ziel. Zu viele Unsicherheiten in den Berichten über die Katastrophe verhinderten eine punktgenaue Bestimmung der Untergangsstelle des Seglers.

Doch Karig hatte Glück. Er stieß auf einen versierten Verbündeten bei seinen Bemühungen. Sein Name: Peter Baltes (siehe Bild 2), Gründer und Leiter des von ihm eingerichteten »Wrackmuseum Cuxhaven«. Und der ehemalige Seemann kniete sich mächtig in die Materie hinein – volle zwei Jahre lang. Baltes gelang es, eine englische Brigg ausfindig zu machen, die an der genau gleichen Stelle scheiterte wie die »Gottfried«. Nur einen Tag später. Und deren Position war festgehalten worden.

In Berlin war man hochzufrieden mit Baltes' Arbeit. Derart zufrieden, dass sogar schon ein Vertrag zwischen den Einrichtungen in Cuxhaven und Berlin aufgesetzt wurde. Das Abkommen sollte die Fundaufteilung zwischen den beiden Museen regeln. Nach den Vorstellungen der Berliner sollte »alles wissenschaftlich und kunsthistorisch Bedeutende« mit rund 160-jähriger Verspätung an die Spree geschickt werden. Damit konnte letztendlich jedes geborgene Objekt gemeint sein – Ärger war vorprogrammiert. Der Streit um das Fell des Bären, den man noch nicht erlegt hatte, war voll entbrannt. Denn im Extremfall könnte die Zustimmung zu diesem Passus bedeuten, dass Peter Baltes bei diesem Handel vollkommen leer ausgehen würde. Umgekehrt lägen sämtliche Rechte auf den versunkenen Schatz bei den Berlinern, denn selbstverständlich ist jedes Artefakt von wissenschaftlichem Interesse.

Was als Meinungsverschiedenheit begonnen hatte, artete in einen handfesten Streit aus, der sich über viele Jahre hinzog. Und das ist der Stand der Dinge. »Gottfrieds Schatz« aber liegt noch immer jungfräulich unberührt in der Elbe.

Bewegung hinter den Kulissen

Das war der Stand der Dinge kurz vor dem Jahrtausendwechsel. Seitdem ist viel Wasser die Elbe hinuntergeflossen. Der Zwist zwischen Cuxhaven und Berlin ist zwar nicht unbedingt beendet, der Streit hat sich jedoch gelegt. Peter Baltes gesteht im Interview freimütig ein: »Ich habe klein beigegeben. Das wäre sonst ein Kampf David gegen Goliath gewesen.«

Der »Fall Gottfried« hat also wieder ruhigere Fahrwasser erreicht. Juristische Auseinandersetzungen stehen nicht mehr im Raum. »Es hat sogar zaghafte Versuche zu einer neuerlichen Zusammenarbeit gegeben«, erzählt der Cuxhavener weiter, »aber die sind recht schnell im Sande verlaufen.« Peter Baltes zeigt sich dennoch durchaus professionell. »Ich wäre nicht abgeneigt, mich mit den Berliner Herren an einen Tisch zu setzen und noch einmal eine Kooperation zur Bergung der Ladung zu versuchen.«

Das Motiv für Baltes' Signal des guten Willens: »Es geht hier nicht um persönliche Animositäten, es geht um die Sache – und die heißt ›Gottfried‹«. Es wäre schön, würde die Botschaft in Berlin nicht nur ankommen, sondern auch auf Widerhall stoßen. Es müsste doch möglich sein, sich vernünftig über die Fundteilung zu einigen.

Einen neuerlichen Impuls zur Bergung des »Gottfried-Schatzes« hat jedenfalls die Ägyptologin Renate Germer gegeben. Ihr gelang, wie Anfang Dezember 2004 publik wurde, im Hamburger Museum für Kunst und Gewerbe eine vielbeachtete Entdeckung. In der Textilabteilung des Hauses konnte sie eine Mumienbinde und eine Haarlocke mit Hilfe alter Quellen als zweifelsfrei aus der »Gottfried«-Ladung stammend identifizieren (siehe Bild 3).

Der Fund sorgte für ein breites Medienecho. Wie fett würden die Schlagzeilen erst ausfallen, wenn man auf das Wrack der Galeasse selbst stoßen würde?

Den Pharaonenschatz könnte auch ein »lachender Dritter« heben. Weder Baltes noch die Berliner Wissenschaftler haben ein Monopol auf die »Gottfried«-Bergung. Wer Interesse hat, sollte seine Suche im Neufelder Watt bei folgenden Koordinaten beginnen: 52° 52' 12" Nord, 53° 52' 54" Nord und 08° 53' 06" Ost, 08° 55' 12" Ost. Allerdings keinesfalls ohne behördliche Genehmigung! Auch sollte das Portemonnaie prall gefüllt sein, denn die Bergung wird wohl ein bis zwei Millionen Euro verschlingen.

Vielleicht befindet sich unter der Ladung des Seglers zufällig auch die Statuette eines bestimmten Mannes. Er war zwar kein Pharao, aber sein Ruhm überdauerte den der meisten ägyptischen Herrscher um ein Vielfaches. Doch das ist eine ganz andere Geschichte. Sie führt uns weg von den breiten Gewässern der Elbe hin auf den sandigen, altägyptischen Friedhof von Sakkara.

4
Wer findet den »Leonardo des alten Ägypten«?

Auf der Suche nach dem »ersten Universalgenie der Weltgeschichte« ereilte Walter Emery plötzlich und unerwartet der Tod. Traf ihn der Fluch der Pharaonen?

Mit dieser Geschichte wechseln wir den Schauplatz. Von nun an bewegen wir uns in »Kemet«. So nannten die alten Ägypter selbst ihr Reich. »Kemet« bedeutet soviel wie »schwarzes Land« und spielt nicht etwa auf die Hautfarbe seiner Bewohner an, wie häufig fälschlicherweise behauptet wird. Vielmehr hat dieser Name seinen Ursprung dem fruchtbaren dunklen Nilschlamm zu verdanken, der die ökonomische Existenzgrundlage für das Leben in dem ansonsten recht unwirtlichen Wüstenstaat bildet. Ohne den Nil gäbe es den imposanten Tempel von Abu Simbel nicht, das hunderttorige Theben wäre nie erbaut worden und in Giseh könnten wir nicht den rätselhaften Sphinx bestaunen. All diese Prachtbauten existieren auch noch nicht, als der Protagonist unserer Geschichte lebt und wirkt. Ägyptens Hochkultur befindet sich nämlich noch im Frühstadium ihrer Geschichte. Der Mann heißt Imhotep und ist kein Pharao, sondern Mitglied des Hofstaats von König Djoser (ca. 2668–2649 v. Chr.), einem Monarchen der 3. Dynastie (siehe Bild 6). Aber während Djoser bestimmt nicht zu den bekanntesten Herrschern auf dem Thron gerechnet werden kann, wird sein Diener Imhotep in griechischer Zeit sogar zum »Gott der Heilkunst« erhoben. Und die Ägyptologie, die Fachdisziplin zur Erforschung der altägyptischen Hochkultur, bezeichnet Imhotep sogar als »das erste Universalgenie der Weltgeschichte«. Der Grund hierfür sind seine herausragenden Leistungen in den vielen verschiedenen Funktionen, Ämtern und Berufen, die er im Laufe seines ereignisreichen Lebens bekleidete.

Vor hundert Jahren freilich war das noch gänzlich anders.

Die Altertumswissenschaft hielt seine Person lediglich für eine Sagengestalt. Kein Wunder: Glaubt man den alten Legenden, hat Imhotep wahrhaft Wundersames vollbracht. »Er verwandelte«, heißt es in den Texten, »brach liegende Felder in ertragreiche Äcker.« Sogar kinderlose Frauen wurden von ihm wieder empfängnisfähig gemacht. Diese »Wundertaten« lassen sich natürlich nur schwerlich mit unserem vertrauten Historienbild in Einklang bringen. Wie auch sollte Imhotep das Verfahren der künstlichen Befruchtung kennen, geschweige denn beherrschen? Derartige Erzählungen legt die Geschichtswissenschaft deshalb gerne vorschnell unter der Rubrik »Mythen und Legenden« ab. So wurde auch im Fall Imhotep verfahren. Schließlich fehlte ihm für diesen Behandlungsvorgang wirklich das nötige medizinaltechnische Know-how. Imhotep wurde deshalb für die Ägyptologie zu einer Art »fachwissenschaftlichem Phantom«, dessen reale Existenz man lieber verneinte.

Bis zum 2. Januar 1926. An diesem Tag gelingt dem Ägyptologen Cecil Firth ein sensationeller Fund. Ein Fund, der die Fachwelt in helle Aufregung versetzt und der ganze Generationen von Altertumskundlern beschäftigen wird.

2. Januar 1926: Imhotep meldet sich!

Zu dieser Zeit stehen die Schätze Tutanchamuns im Tal der Könige im Mittelpunkt der interessierten Öffentlichkeit. Firth hingegen legt an diesem Tag hunderte Kilometer nördlich davon, im altägyptischen Grabbezirk von Sakkara bei Kairo, völlig unbeachtet den Sockel einer Statue des Königs Djoser frei. Als der Engländer die auf dem Rand der Bodenplatte eingravierten Hieroglyphen entziffert, traut er seinen Augen kaum.

Zunächst liest Firth lediglich den Namen des Statuenbesitzers, Pharao Djoser. Doch was sich daran anschließt, ist bis zu diesem Zeitpunkt buchstäblich ohnegleichen. Auf den Namen des »lebenden Gottes« (gemeint ist der Pharao – hier Djoser/Anm. d. Verf.) folgt eine fast nicht enden wollende Kette von Titeln und Funktionen, die ein »gewöhnlicher Sterblicher« unter Djoser bekleidet hat. Sie beginnt mit »Schatzmeister des Königs von Unterägypten«, »Erster nach dem König von Oberägypten«, »Verwalter des Großen Palastes« ... Und dann, am Ende der Aufzählung, ist deutlich der Name dieses »Superministers« zu lesen – Imhotep. Die Legende war also mitnichten ein bloßer Mythos, Imhotep hatte vielmehr wahrhaft gelebt! Glaubt man der Sockel-Inschrift, war er tatsächlich ein »Leonardo da Vinci des Altertums«. Imhotep war Architekt, Wesir, Politiker, Arzt, Hohepriester und Bildhauer in Personalunion.

Firth nimmt die Botschaft des Sockels ernst. Von nun an widmet sich der Ausgräber verstärkt der Suche nach dem Multitalent. Die erste Frage, die vorrangig zu klären ist, lautet: Wo ruht das erste Universalgenie der Weltgeschichte? Gemäß der Fundsituation sieht Cecil Firth zwei verschiedene Möglichkeiten. Für den Archäologen ist klar, dass Imhoteps Grab mit an Sicherheit grenzender Wahrscheinlichkeit entweder im Bezirk der von ihm geplanten und für Djoser errichteten Stufenpyramide von Sakkara zu finden ist, (siehe Bild 8) oder aber auf dem sich daran anschließenden, weitläufigen Adels- und Beamtenfriedhof gleichen Namens.

Bis zu seinem Tod 1931 sucht Cecil Firth Grab und Mumie des weisen Mannes. Imhoteps letzte Ruhestätte aber bleibt ihm verborgen. Ebenso wie den Firth nachfolgenden Ausgräbern.

Darunter befinden sich so namhafte Archäologen wie James E. Quibell und George A. Reisener. Wie Firth suchen

1 *Das Modell einer Galeasse. Zu diesem Schiffstyp gehörte die »Gottfried«, die mit einem Pharaonenschatz an Bord in der Elbmündung versank.*

2 Peter Baltes, der Leiter des »Wrackmuseums Cuxhaven«. Er ist einer der führenden »Gottfried«-Experten.

3 Eine unlängst von der Wissenschaftlerin Renate Germer entdeckte Mumien-Haarlocke. Das Besondere: Sie stammt höchstwahrscheinlich aus dem Frachtgut der »Gottfried«.

4 *Blick in das Berliner Ägyptenmuseum. Hier sollten die Schätze der Minutoli-Reise ausgestellt werden. Der Saal blieb leer …*

5 *Die Minutoli-Expedition in einer Oase. So »romantisch« war die Situation in den Anfangszeiten der Ägyptologie.*

6 *Statue des Pharao Djoser (3. Dynastie). Unter seiner Herrschaft wirkte der »Leonardo des Altertums«, Imhotep.*

7 Bild einer Ibis-Mumie. In Sakkara existiert ein ganzes Labyrinth mit diesen heiligen Tieren. Weisen sie den Weg zu Imhotep, dem Universalgenie?

8 Oben: *Die Stufenpyramide von Sakkara ist die erste ägyptische Pyramide überhaupt. Erbaut haben soll sie der große Imhotep.*

9 Oben rechts: *Die Cheops-Pyramide. Welche unentdeckten Geheimnisse hält sie noch für uns bereit?*

10 *Der Sphinx, ein Symbol allen Rätselhaften. Befindet sich unter seinem Leib ein Gang- und Kammersystem?*

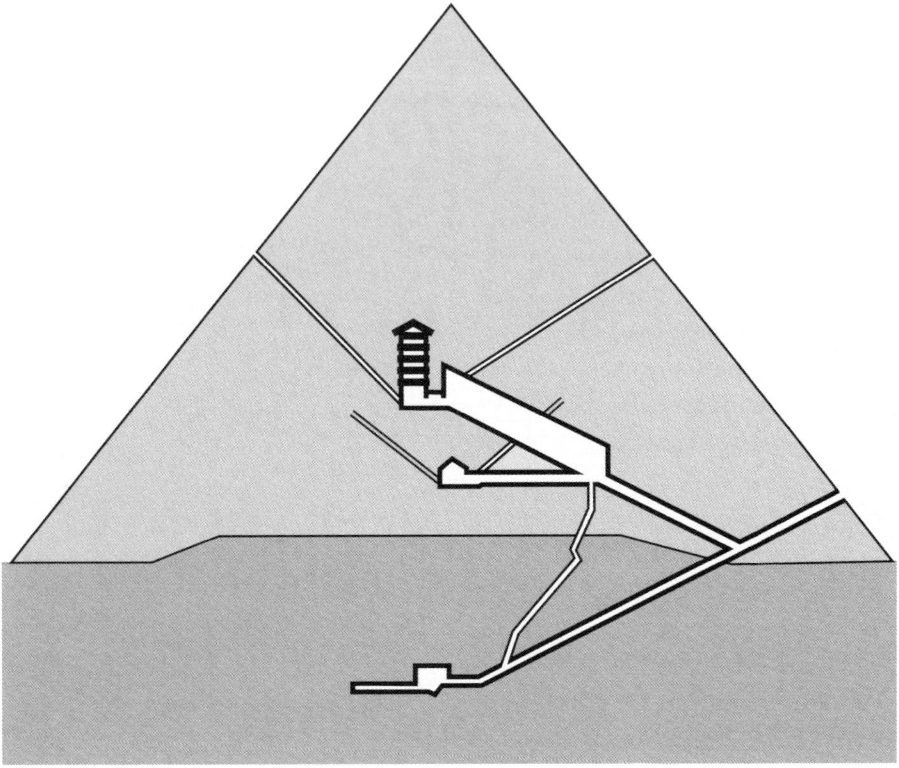

11 *Das (bekannte!) Kammer- und Gangsystem der Cheops-Pyramide im Querschnitt. Die Forschung zeigt: Wir haben noch kein vollständiges Bild davon.*

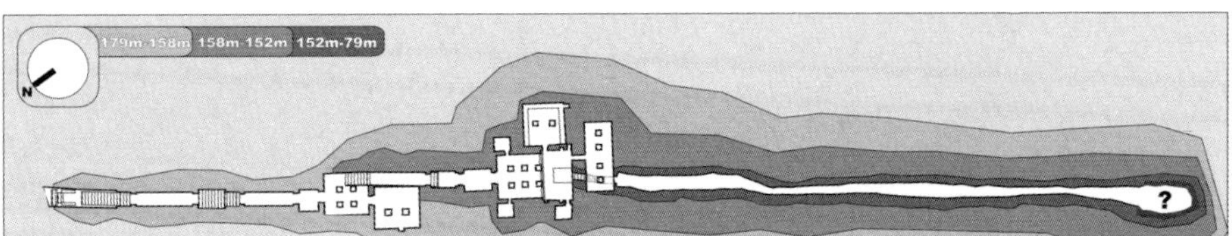

12 *Grundriss des Grabes Sethos' I. mit der äußerst rätselhaften »Passage K«. Was befindet sich an ihrem Ende?*

14 Rechte Seite links: *Zahi Hawass, der Direktor der Ägyptischen Altertümerverwaltung. Er spielt die Schlüsselrolle im Cheops-Skandal*

15 Rechte Seite rechts: *Der Roboter UPUAUT 2. Das technische Wunderwerk bei der Erkundung eines der Schächte in der Königin-Kammer der Cheops-Pyramide.*

auch sie Imhotep in der frühdynastischen Nekropole von Nord-Sakkara. Wie Firth suchen auch sie vergeblich. Der antike Friedhof gibt den Verbleib seines vielleicht prominentesten Toten nicht preis. Auf der anderen Seite: Jede neue Grabungsexpedition vermehrt den Kenntnisstand über den »Menschen-Gott«. Immer wieder sprießen deshalb neue Theorien über die exakte Lage von Imhoteps Ruhestätte aus dem Boden. Allesamt stellen sie sich jedoch bei näherer Überprüfung als unzutreffend heraus.

Kurz vor dem Ziel?

Fast genau vierzig Jahre später aber scheint die Suche endlich einen erfolgreichen Abschluss zu finden. Es ist das Jahr 1970 oder 1971 (die ägyptologischen Angaben schwanken), als Firths Landsmann Walter Brian Emery glaubt, unmittelbar vor der Entdeckung von Imhoteps Mausoleum zu stehen. Vielleicht noch einige Tage, vielleicht noch ein, zwei Wochen, da ist sich der Altertumsforscher sicher, dann wird er das Genie lokalisiert haben. Emery ist stets felsenfest überzeugt, dass seine Suche von Erfolg gekrönt ist. Oft sagte er, auf Imhotep anspielend, zu Besuchern: »Ich interessierte mich schon seit einigen Jahren für den Talbezirk am westlichen Rand des archaischen Friedhofs von Nord-Sakkara.«

Nach Erhalt der Grabungskonzession kann Emery endlich in seinem Wunschgebiet Nord-Sakkara graben. Entsprechend erwartungsfroh ist seine Stimmung. Vielleicht gelingt ihm der Coup ja bereits heute, am 10. März. Walter Brian Emery beendet wenige Stunden später seine Suche nach Imhotep – für immer. Denn am Nachmittag dieses 10. März bricht er im Expeditionshaus seines Teams unvermittelt zusammen und stirbt am darauf folgenden Tag im britischen Krankenhaus von Kairo. Damit endet ein überaus erfolgreiches Ausgräberleben, das sich besonders in seinen letzten sieben Jahren ausschließlich der Suche nach Imhotep widmete.

Alles begann im Oktober oder Dezember (auch darüber herrscht in der Ägyptologie Uneinigkeit) 1964. Emery will sein beachtliches Lebenswerk krönen – mit der Lokalisierung von Imhoteps Krypta. Zu diesem Zweck setzt der Engländer 400 einheimische Arbeiter ein und zudem, gänzlich unarchäologisch, einen Bulldozer zur Geröllbeseitigung. Emerys Plan: Die Fahndung zu verlagern, weg von der Stufenpyramide Djosers, mehr in nördliche Richtung auf das Gräberfeld der Adeligen und Beamten.

Der Aufwand lohnt!

Das Geheimnis von Mastaba 3510

Besonders nach dem Auffinden von Mastaba 3510. Als Mastaba bezeichnet man jenen Gräbertyp, der mit seinen rechteckigen, bankförmigen Oberbauten die eigentliche Grabanlage von Angehörigen der Adels- und oberen Verwaltungsschicht schützte.

Die Mastaba 3510 hatte es buchstäblich »in sich«, denn beim Ausräumen der Totenanlage stellten Arbeiter überraschend fest, dass das Grab durch einen Schacht mit einer anderen Anlage verbunden war. Was der frühdynastische Boden von Sakkara freigab, entpuppte sich bei näherer Betrachtung als weitverzweigtes, mehrstöckiges Labyrinth. Darin eingelagert fanden sich, wie sich später herausstellte, rund 1,5 Millionen in Tongefäßen eingelagerte Ibis-Mumien (siehe Bild 7). Emery sah in den Vogelkadavern Manifestationen des Gottes Thot, die er mit dem späteren Kult um Imhotep als Arzt in Verbindung brachte. Seine These: Irgendwo im Umfeld dieser Opfertiere musste sich das unterirdische Kultzentrum, das Grab des »ersten oberen Ibis« befinden. Emery kann seine These erhärten. Er findet eine Statuette Imhoteps und die Ibis-Mumien tragen vereinzelt sogar Imhoteps Emblem.

Dann wurde Walter Bryan Emery vom Tod aus seiner Arbeit gerissen. Sofort machte natürlich das bekannte Gerücht vom Fluch der Pharaonen wieder die Runde. Sollten Ägyptens Herrscher zugeschlagen haben, ließen sie sich jedenfalls viel Zeit, denn Emery war bereits seit 1935 Ausgrabungsleiter in Sakkara.

Lastet ein Fluch auf dem Grab?

Ob man nun an den Fluch glaubt oder nicht, eine abschreckende Wirkung hat er jedenfalls kaum. Auf dem sieben Kilometer langen und über einen Kilometer breiten Friedhof graben seit der Jahrtausendwende so viele internationale Forscherteams wie nie zuvor. Und sie finden Schatz auf Schatz – Jahr für Jahr. Hier eine kleine, willkürliche Auswahlliste von Funden, die nach Emerys Tod dem Sand von Sakkara entrissen wurden.

- 1975: Entdeckung von Horemhabs erstem Grab (18. Dynastie). Der Offizier, so wollte das Schicksal, erlangte später in relativ hohem Alter selbst die Pharaonenwürde.
- 1983: Bergung einer Mumie mit Goldmaske nahe der von Imhotep erbauten Stufenpyramide König Djosers (3. Dynastie).
- 1995: Entdeckung von vier Grabkapellen aus der Zeit der 18. Dynastie.

Und jede Grabungsmannschaft träumt davon, den »der in Frieden kommt«, wie man den Namen Imhoteps wohl übersetzen muss, aufzuspüren.

Einer der das offen eingesteht, ist der Ägyptologe Karol Mysliwiec. Er wundert sich nicht, dass Emerys Kampagnen mehr oder minder erfolglos geblieben sind. Er mutmaßt die Gruft des Genies dort, wo Firth das erste »Lebenszeichen« von ihm fand, im Grabkomplex Djosers, Imhoteps höchstem Bau. Immerhin: Der Pole hat mittels Bodenradar einen unterirdischen Gang oder Tunnel geortet, der über 80 Meter lang ist und direkt unter der Stufenpyramide endet – eine neue Spur oder lediglich eine neue Sackgasse auf den verschlungenen Wegen zu Imhotep?

Wer weiß: Vielleicht stellt sich ja zu guter Letzt doch noch die Richtigkeit von Emerys Theorie über den Verbleib des Gesuchten heraus. Das von dem Ausgräber entdeckte Ibis-Labyrinth ist jedenfalls noch immer nicht vollständig erforscht – eine fatale Nachlässigkeit?

Doch warum ist das Grab Imhoteps von so immenser Bedeutung? Sicher: »Der in Frieden kommt« war ein geachteter Mann, eine hochstehende Persönlichkeit. Aber sein Grabinventar wird sich in materieller Hinsicht mit dem Tutanchamuns nicht messen können. Und doch könnte sich seine Hinterlassenschaft als historisch weitaus wertvoller erweisen. Die Hoffnung der Ausgräber richtet sich nämlich auf geschichtliche Dokumente, auf Quellen aus der Frühzeit der Hochkultur am Nil. Und sie erhoffen sich, endlich genauere Informationen über Imhotep in Erfahrung zu bringen.

Zahi Hawass, Direktor der ägyptischen Altertümerverwaltung, ist überzeugt, dass dieser »Schatz an Wissen und Erkenntnissen« auch tatsächlich existiert. »Und wenn er gefunden wird«, prognostiziert Kemets Chef-Ausgräber, »wird das die größte Entdeckung des Jahrhunderts.« Hawass' Prognose könnte durchaus zutreffen. Allerdings: Die »Imhotep-Fahnder« haben Konkurrenz erhalten.

Auf neue Informationen über die Frühzeit des Nillandes hoffen nämlich auch jene Forscher, die nach verborgenen Kammern unter dem berühmten Sphinx suchen. Das Ziel ihrer Begierde ist nämlich die »Kammer des Wissens«. Aber das ist wiederum eine ganz andere Geschichte …

5
Unter den Pranken des Sphinx

Archäologische Hightech-Forschungen zeigen: Unter den Pranken des Sphinx existiert ein Gang- und Kammersystem. Was findet sich darin?

Das »Ägyptische Museum und Papyrussammlung« in Berlin-Charlottenburg hat einen engagierten Chef. Dietrich Wildung kümmert sich um viele Belange höchstpersönlich. So auch um die Beantwortung eines Briefes, den ihm ein 14-jähriger Junge schrieb. Der wissbegierige Sprössling fragte an, ob es denn möglich wäre, dass sich in dem Sphinx ein Grab befinden könnte. Ich muss das Recht auf das geschriebene Wort beachten und kann deshalb die Antwort des Professors nicht wörtlich drucken, sondern lediglich den allgemeinen Tenor des Inhalts wiedergeben. Der besagt, dass über ein Grab im Innern des Sphinx nichts bekannt ist. Derartige Überlegungen seien reiner Unsinn.

Der Sphinx (siehe Bild 10) – vielleicht ist diese Mischgestalt aus Löwenkörper und Pharaonenantlitz das Symbol für die Rätsel dieser Welt schlechthin. Ist das imposante Bauwerk auf dem Pyramidenfeld von Giseh wirklich nur ein Symbol? Oder verbirgt das bis zu 20 Meter hohe und 71 Meter lange Fabelwesen selbst ein Geheimnis, ja vielleicht sogar einen Schatz?

Ein Grab oder gar einen sagenhaften Hort hat man bis heute (offiziell) noch nicht gefunden. Aber: Mit gleicher Bestimmtheit lässt sich feststellen: Irgendetwas ist tatsächlich in beziehungsweise unter dem Sphinx!

Jedenfalls lässt sich das einem ehemals streng geheimen, zwischenzeitlich aber freigegebenen Bericht der renommierten japanischen Waseda-Universität von 1987 entnehmen. In den »Studies in Egyptian Culture No. 6«, wie die Dokumentation betitelt ist, steht hinsichtlich des Sphinx sachlich nüchtern abgefasst Brisantes: »Unter dem Sphinx befindet sich vielleicht ein Tunnel.« Aber das ist längst nicht alles. Weiter ist nachzulesen: »Nahe dem Gelenk des vorderen Ellbogens, im Areal nördlich des Sphinx wurde sogar eine geometrische Höhlung mit den Maßen 1 Meter x 1,5 Meter x 7 Meter lokalisiert. Diese Höhlung enthält möglicherweise Metall oder Granit.«

Der »Unsinn« ist also ziemlich real. Doch wie gelangten die Japaner zu ihren bemerkenswerten Erkenntnissen? Mittels modernster Hightech. Auf 98 Seiten plus Anhang – gespickt mit Fotos, Diagrammen und Zeichnungen – legen sie ihre ermittelten Daten vor. Wissenschaftlich solider kann man kaum vorgehen.

Überraschend sind die Ergebnisse für die Fachwelt indes nicht wirklich. So weiß der Sachbuchautor Erdogan Ercivan von einem aufschlussreichen Grabungsreport von Professor Selim Hassan aus dem Jahr 1935 zu berichten, in dem nachzulesen ist: »Wir haben eine unterirdische Anlage entdeckt ... Sie erstreckt sich unter der Straße und führt von der zweiten Pyramide (Chefren/Anm. d. Verf.) bis zum Sphinx.«

Angeblich gelang diese Entdeckung bereits 1928. Doch warum wurde erst sieben Jahre später darüber informiert? Vielleicht, weil der Gang nicht die einzige und nicht die größte Überraschung war, auf die man 1928 stieß. Hassans Grabungsleiter Mohammed Darwish fand nämlich bei genauerer Untersuchung des Terrains noch Rätselhafteres heraus: Ein Korridor führt direkt unter den Sphinx, zur sogenannten »Osiris-Kammer«. Sie ist gut 5 Meter breit, über 18 Meter lang und fast 16 Meter hoch.

1992 verifizierte ein amerikanisches Team, unter Leitung des Forschers Thomas Dobeki, mittels Radar-Messungen die bereits 1928 und 1987 dokumentierten unterirdischen Anlagen. Sie konnten die Erkenntnisse beider Kampagnen überwiegend bestätigen.

Sphinx-Passage bestätigt

Und seit kurzem wird die Existenz der geheimen Anlage sogar amtlicherseits eingestanden, wie der Schweizer Luc Bürgin in der Zeitschrift »mysteries« mitgeteilt hat. Demnach hat Zahi Hawass im Jahr 2004 in Dallas (Texas) anlässlich einer Veranstaltung »im McFarlin-Auditorium der Southern Methodist University offiziell die Existenz einer verborgenen unterirdischen Passage unter dem Sphinx bestätigt«.

Fassen wir bis hierher unsere Erkenntnisse zusammen:

- Die Existenz eines Ganges unter dem Sphinx ist zu verschiedenen Zeiten von verschiedenen Forschern mit qualitativ stets modernerem Equipment ermittelt bzw. bestätigt worden.
- Daneben wurden ein bis zwei Kammern unterhalb des Kolossalmonuments oder aber in seiner näheren Umgebung registriert.
- Mehr allerdings ist bisher nicht an Konkretem bekannt geworden.

Warum eigentlich nicht, fragt man sich. Was wurde 1928 aufgespürt und eventuell sogar heimlich geborgen? Und, gegebenenfalls, warum wurde der Fund überhaupt geheimgehalten?

Die Fragen münden in einem Zentralproblem. Woraus besteht der Schatz überhaupt? Mutmaßlich jedenfalls nicht aus Gold und Silber. Wäre dem so, hätte man ihn zumindest nach dessen Bergung der Öffentlichkeit bekannt und zugänglich machen können.

Ich will nochmals daran erinnern, dass die Anlage anscheinend mit der Chefren-Pyramide in Verbindung zu bringen ist. Vielleicht besteht ja der Schatz nicht aus Kunstwerken und Edelmetall, sondern vielmehr aus alten Schriften. Nicht nur aus Schriften des Altertums, sondern aus der Vorzeit. Herodot, der Vater der Geschichtsschreibung, berichtet in seinem zweiten »Historien-Buch« über Priester, die ihm 341 Statuen gezeigt hätten. Diese Oberpriester von Theben wirkten bereits über 11 300 Jahre in Ägypten. Und Könige sollen das Land regiert haben lange vor den uns bekannten Pharaonen. Dürfen wir auf Informationen hoffen, die Herodots Angaben bestätigen?

Eines allerdings ist sicher. Das gesamte Giseh-Plateau wird gegenwärtig in aller Stille und Unauffälligkeit eingezäunt – und zwar weiträumig. Eigentlich ist das untertrieben. Die Zäune sind aus Metall, fußen auf einem Betonsockel und sollen angeblich mit Bewegungsmeldern ausgerüstet sein. Eine offizielle Stellungnahme gibt es dazu von den zuständigen Behörden noch nicht. Inoffiziell heißt es, der Zaun soll gegen den fortschreitenden Aegyptica-Diebstahl schützen und terroristische Aktivitäten verhindern. Schön und gut, aber warum wird der Zaun Kilometer entfernt von den Pyramiden errichtet und dadurch auch ungleich schwerer kontrollierbar? Völlig unglaubwürdig werden diese Begründungen, wenn man feststellt, dass der Metall-Mauer-Zaun sogar durch die Wüste trassiert wird. Mit umschlossen wird selbstredend der Sphinx.

Er ist natürlich durch die letzten archäologischen Erkenntnisse noch interessanter für die Ägyptologen geworden. Das belegt auch eine Ankündigung von Zahi Hawass aus dem Jahr 2004. Danach wird als nächste Forschungsgruppe ein Team der englischen Universität Birmingham das Areal zwischen dem Sphinx und der Cheops-Pyramide mit Hilfe von Bodenradar abtasten. Geben dann die Pranken des Sphinx endgültig die letzten Geheimnisse des Mischwesens preis?

Mit Hilfe von Radarstrahlen arbeiten teilweise auch jene Mannschaften, die nur wenige Meter von dem Sphinx entfernt nach Schätzen in Ägyptens größter Pyramide suchen. Aber damit nicht genug: Im Rahmen des »Tomb Trekker Project« soll darüber hinaus demnächst auch ein neuer Rover in der Cheops-Pyramide die Erkundungen seiner beiden Vorgänger fortsetzen. Hoffentlich kommt es dabei nicht zu einer Neuauflage des »Cheops-Skandals«, mit dem rund um den Globus Millionen von Fernsehzuschauern genarrt wurden. Aber das ist wieder eine ganz andere Geschichte …

6
Der Cheops-Skandal

»Nur unwissenschaftliche Sensationsmache«?
Doch trotz gegenteiliger Behauptungen: In der Großen Pyramide befinden sich noch unerforschte Kammern!

In diesem Kapitel begeben wir uns auf die Suche nach noch unerforschten Kammern in der Cheops-Pyramide (siehe Bild 9). Aber ehrlich gesagt, sollten Sie, geneigte Leserinnen und Leser, diese Seiten rasch überblättern. Andernfalls laufen Sie Gefahr, als »Pyramidenmystiker« in Verruf zu geraten – und das an höchster Stelle, nämlich bei Vertretern der Archäologenzunft.

»Unglaublich!« meinen Sie? Ich muss Sie leider enttäuschen: Der Schweizer Journalist und Erfolgsautor Luc Bürgin hat diese Abqualifizierung 1995 sogar schriftlich bestätigt bekommen. Und zwar von Dr. von Pilgrim, Mitarbeiter am traditionsreichen Deutschen Archäologischen Institut in Kairo (DAIK). Cornelius von Pilgrim schrieb an Bürgin: »... Weitere ›Rätsel‹ birgt die Cheops-Pyramide nur noch für die große Schar der Pyramidenmystiker. Weitere Grabkammern oder gar Schatzkammern sind aus wissenschaftlichen Gründen mit Sicherheit auszuschließen und eine Spekulation in dieser Hinsicht diente nur unwissenschaftlicher Sensationsmache.« Sie wollen sich trotz dieses akademischen Urteils ihre eigene Meinung bilden? Dann folgen Sie mir zum letzten noch existenten der einst sieben Weltwunder.

Die Cheops-Pyramide steht auf dem Felsplateau von Giseh. Nein, nicht *bei* Kairo, sondern zwischenzeitlich fast *in* Ägyptens rasant wachsender Hauptstadt gelegen. Mit rund 230 Meter Seitenlänge, ursprünglich 146 Meter Höhe und verbauten 2,5 Millionen Steinblöcken ist die Pyramide das größte »Steinrätsel« der Menschheit. Fakt ist: Wir haben keinerlei gesicherte Erkenntnis über ihren Bau. Nicht ein Abbild, kein einziger zeitgenössischer Text gibt Auskunft darüber.

In ihrem Innern findet sich ein dreiteiliges Gangsystem (siehe Bild 11), an dessen jeweiligem Ende sich die Königs-Kammer (im oberen Drittel), die Königin-Kammer (ziemlich genau im Zentrum der Anlage) und eine unvollendete Kammer (abwärtsführend, in das felsige Fundament getrieben) befinden.

Das ganze Konstrukt soll als imposantes Pharaonengrab gedient haben – sagen die Einen. Andere hingegen meinen, die Pyramide sei eine überdimensionierte Wasserpumpe. Und dann gibt es jene Gruppe, die an noch unerforschte Kammern glaubt – und dabei auf unentdeckte Schätze hofft. Also wir, die angeblichen Pyramidenmystiker. Sie erinnern sich.

DAIK contra Waseda-Uni

Doch Sie, die Sie mir trotz meiner »unwissenschaftlichen Sensationsmache« mutig gefolgt sind, sollen nun dafür belohnt werden. Denn: Selbstverständlich existieren noch unerforschte Kammern in der Cheops-Pyramide! Und das Beste daran: Das behaupten nicht etwa wir ahnungslosen »Pyramidenmystiker«. Das ist vielmehr dokumentiert – und zwar wissenschaftlich!

Ich habe im vorangegangenen Kapitel die Ergebnisse der japanischen Waseda-Universität bei ihrer Feldforschung nach unentdeckten Kammern unter dem Sphinx vorgestellt. Diese Messungen waren jedoch lediglich ein Bruchteil der Arbeit des Tokioter Teams. Die meiste Zeit haben die Japaner nämlich darauf verwendet, die Cheops-Pyramide mit modernster Technik nach unbekannten Hohlräumen zu durchforsten. Mit Erfolg: Nach Auswertung der gewonnenen Daten und Messwerte konnten die Forscher Hinweise auf gleich mehrere bis dahin unbekannte Kammern ermitteln. Ob es sich dabei um unversehrte Grab- oder Schatzkammern handelt, weiß niemand. Aber soviel räumte Teamleiter Sakuji Yoshimura ein: »Die Resultate waren vielversprechend.«

Die Ergebnisse der Waseda-Leute liegen auf dem Tisch, können zwischenzeitlich in Tokio abgerufen und selbst analysiert werden. Das DAIK ist deshalb gefordert, seine Ausführungen – vor dem Hintergrund des Waseda-Berichts – faktenmäßig nicht nur zu untermauern, sondern zu *beweisen* und zu *dokumentieren.* Andernfalls wird man künftig vielleicht den Begriff »Pyramidenmystiker« nicht mit einer »großen Schar« in Verbindung bringen, sondern eventuell mit einer kleinen Gruppe von deutschen Forschern in Kairo. Wir sehen jedenfalls: Gerade auf der Grundlage wissenschaftlicher Ergebnisse besteht sehr wohl die Chance, in der Cheops-Pyramide noch verborgene Kammern zu entdecken.

Doch warum wurden die registrierten Anomalien nicht näher untersucht? Der ohnehin zurückhaltende asiatische Professor wird vollends einsilbig: »Unglücklicherweise war die öffentliche Reaktion bislang noch nicht günstig genug, um die Untersuchungen weiterführen zu können«, antwortet der Forscher sibyllinisch. Ich weiß nicht, worauf der Japaner konkret anspielt. Vielleicht aber denkt er an die größte ägyptologische Fernseh-Farce aller Zeiten, auch bekannt geworden als der »Cheops-Skandal«.

Die sensationelle Fahrt des UPUAUT 2

1993 erkundete der deutsche Ingenieur Rudolf Gantenbrink im Auftrag des DAIK den von der Königin-Kammer des Cheops-Mausoleums aufwärts verlaufenden, so genannten »Südschacht«. Die Bedeutung des Schachtes ist selbst unter Ägyptologen umstritten. Gantenbrink sollte deshalb dazu beitragen, Klarheit zu schaffen. Und der Münchner spielte sein gesamtes Können aus. Am Ende seiner »Bastelstunden« präsentierte er dem DAIK »UPUAUT 2« (siehe Bild 15) – ein in der Archäologie einmaliges Gefährt, das heute im »Mystery Park« im schweizerischen Interlaken zu bestaunen ist. Gantenbrinks Fahrzeug ist nach einer gleichnamigen ägyptischen Gottheit benannt (deshalb die 2). Übersetzt heißt Upuaut »Öffner der Wege«. Der Name ist Programm. UPUAUT 2 ist ein Miniaturrover, der gerade einmal in die nur 20 x 20 Zentimeter große Schachtöffnung passte.

Ausgestattet mit Lampen und einer Kamera, kroch der Roboter den steilen Schacht hinauf. Dabei stellte sich als erstes Ergebnis alsbald heraus, dass der Südtunnel wesentlich länger war, als von vielen Experten bis dahin angenommen wurde. Aber das war nichts im Vergleich zu dem, was noch kommen sollte!

Ungleich spektakulärer war nämlich UPUAUTs zweite Entdeckung. Diese verhinderte jäh auch eine Fortsetzung der Mission. Unerwartet tauchte nämlich aus dem Dunkel ein haargenau in den Schacht eingepasster Verschluss-Stein auf. Besonderheit der Steinplatte: Zwei längliche, schmale Kupferbeschläge. Was sich freilich hinter der Absperrung befand, blieb weiter rätselhaft, denn UPUAUT war lediglich ein Erkundungsfahrzeug, das über keinerlei Werkzeuge verfügte – schon gar nicht über einen Steinbohrer. Und zu einer Fortsetzung der Arbeit kam es nicht. In seinem Buch »Rätsel der Archäologie« nennt Luc Bürgin den alles andere als überraschenden Grund: »Tatsache ist«, schreibt er dort, »dass die heutige Lehrmeinung keinen Platz für unbekannte Hohlräume in der Cheops-Pyramide lässt.«

Während sich also das DAIK aus der Erkundung des Südschachtes verabschiedete, setzte Rudolf Gantenbrink alles daran, das UPUAUT-2-Projekt weiterzuführen. Vergeblich.

Die zuständigen ägyptischen Stellen hatten andere Interessen. Gemeinsam mit der Forschervereinigung »National Geographic Society« planten sie das vielleicht spektakulärste archäologische Fernsehereignis aller Zeiten: Eine Live-Übertragung von der Durchbohrung des Verschluss-Steins im Südschacht der Königin-Kammer. Und es wurde ein Spektakel: In rund 150 Ländern auf der ganzen Welt konnte man die Live-Ausstrahlung verfolgen. Für Deutschland war das Zweite Deutsche Fernsehen (ZDF), eine öffentlich-rechtliche Sendeanstalt, mit von der Partie. Was das ZDF seinen Zuschauern (immerhin 770 000 zu nachtschlafender Zeit!) bot, war eine »Live-Show«, die sogar dem Laien einen Gruselschauer über den Rücken jagte. Nicht etwa wegen der Spannung des Beitrags, sondern vielmehr wegen der absolut inkompetenten Darbietung. Tiefpunkt der Sendung war eine Sequenz, in welcher der Chef der ägyptischen Altertümerverwaltung, Dr. Zahi Hawass (siehe Bild 14), einen antiken Sarg auf dem Gräberfeld von Giseh in Sekundenschnelle mittels Brachialgewalt öffnete.

Nur Minuten später stand Hawass an jenem 16. September 2002 bereits vor einem Monitor und verfolgte gebannt die übertragenen Bilder des neuen Roboters »Pyramid Rover«, den diesmal eine Firma aus Boston gefertigt hatte. Dabei spekulierte Ägyptens oberster Archäologe wörtlich über mögliche »Schätze des Cheops«.

Dann war endlich der entscheidende Augenblick gekommen: Die Kleinkamera blickte durch das Bohrloch. Was sie zeigte, war ernüchternd und aufregend zugleich: Erkennbar war lediglich die Fortführung des Tunnels. Und diese erstreckte sich über nur wenige Zentimeter. Dann, zur Überraschung aller, eine zweite Verschlussplatte. Zahi Hawass kommentierte die Bilder euphorisch als »eine weitere versiegelte Kammer«.

Und das war's. Kurze Zeit später wurde die Live-Übertragung beendet. Kein Sterbenswörtchen darüber, warum die zweite Platte nicht auch aufgebohrt wurde.

Kein Spektakel – ein Skandal!

Scheibchenweise stellte sich später heraus, dass die Sendung »Secret Chambers Revealed« weit mehr war als nur eine Farce – sie war ein handfester Skandal! Von einer Live-Berichterstattung über die Schachterkundung konnte in Wahrheit keine Rede sein. Im Gegenteil: Monatelang hatten die Ägypter im Geheimen die Fahrt durch den Schacht wieder und wieder geprobt. Das Ungeheuerlichste aber daran war, dass sie bereits ein Guckloch durch den lediglich acht Zentimeter dünnen Blockierstein gebohrt hatten. Somit konnte von einer »Live-Öffnung« oder gar »Live-Untersuchung« keine Rede sein – der Skandal war perfekt!

Zwar drastisch, aber inhaltlich zutreffend äußerte der Direktor des ägyptischen Museums Berlin, Professor Dietrich Wildung, zu »Secret Chambers Revealed«: »Entschuldigen Sie diesen vulgären Ausdruck – wir sind alle verarscht worden.«

Nach und nach stellte sich heraus:

- Einer der beiden Kupferbeschläge wurde im Rahmen der geheimen Voruntersuchungen beschädigt.
- Das Loch im Verschluss-Stein ist tatsächlich bereits am 13. September, also Tage vor dem Sendetermin, gebohrt worden, wie die »National Geographic Society« selbst mitteilte.

- Das ZDF räumte ein, dass die Bilder ob der häufig eingestreuten Werbeblöcke zuerst gesammelt und dann mit einstündiger Zeitverzögerung im deutschen Sendegebiet zur Ausstrahlung kamen.

Soviel zum Thema Live-Sendung. Doch kaum begannen die erhitzten Gemüter sich wieder etwas abzukühlen, als Zahi Hawass unvermittelt die nächste medienwirksame Aktion über die Nachrichtenagentur dpa in Kairo verkündete. Erst eine Woche war an diesem 23. September 2002 seit dem »National Geographic«-Flop vergangen. Inhalt der News: Zahi Hawass hatte den »Pyramid Rover« in aller Stille und wieder im Geheimen auch den Nordschacht der Königin-Kammer erkunden lassen. Dabei war er eigenen Angaben zufolge ebenfalls auf einen Verschluss-Stein wie in der Südpassage gestoßen.

Die Ägyptologen-Gilde stufte die Meldung zunächst als Falschmeldung ein. Schließlich machte es nicht den geringsten Sinn, die zweite Passage zu erkunden, bevor die erste gründlich erforscht war. Aber die dpa-Information stimmte Zeile für Zeile. Ägyptologen unter sich sind selten einig, aber in diesem Fall brach in den Gelehrtenstuben nur noch das kollektive Kopfschütteln aus.

Vielleicht zwischen Oktober 2005 und März 2006

Doch Zahi Hawass ficht das alles nicht an. Im Gegenteil: Gemäß Hinweisen aus Fachkreisen plant er bereits den nächsten »Pyramiden-Coup in eigener Sache«. Wie mir Insider glaubhaft versicherten, will er »um die Jahreswende 2005/2006 herum« im Nordschacht das Pendant zum ersten Blockierstein der Südpassage aufbohren lassen. Statt einen Schacht vollständig zu erkunden, verlässt der Chef der Antikenverwaltung grundlos aussichtsreiches Forschungsterrain. Unsinnigerweise auch noch mit einem neuen Rover, der diesmal in Asien gebaut wird. Man stelle sich vor: Für jeden Schacht und jeden Blockierstein gibt es jetzt schon einen eigenen Roboter. Wer will da noch glauben, dass die Antikenbehörde unter Geldnot leidet? Bereitet Hawass damit seine nächste »Personality Show« vor? Und setzt uns das ZDF wieder eine »Live«-Übertragung vor, die zusammengeschnipselte Bilder mit Stundenverspätung präsentiert?

Die Mainzer wären gut beraten, wenn sie sich diesmal genau überlegen würden, ob sie die Rundfunkgebühren der Zuschauer für ein derart unergiebiges Spektakel ausgeben. Hier wäre vielmehr kritischer, investigativer Journalismus gefragt, der die Zusammenhänge darstellt und Hintergründe durchleuchtet.

Aber von sämtlichen skandalösen Querelen und Tricksereien einmal abgesehen: Was ist eigentlich hinter den Blockiersteinen zu erwarten? Wir wissen es nicht, der Spekulation sind Tür und Tor geöffnet. Am wahrscheinlichsten ist noch, dass sich im Nordtunnel wie im Südschacht hinter der ersten Platte eine zweite verbirgt. Das wäre zwar logisch, ist aber deshalb längst noch nicht zwingend.

Und was werden wir am Ende des Schachtes vorfinden? Diesbezüglich hat Ingenieur Gantenbrink eine interessante Theorie.

Der Fall Hetepheres I.

Er vermutet am Ende des Südschachtes die Grabkammer der Königin Hetepheres I., der Mutter des Pyramidenbauers Cheops.

Der »Fall Hetepheres« gehört zu den merkwürdigsten Rätseln der Ägyptologie. Der Sachverhalt ist rasch erzählt: 1925 stieß eine amerikanische Archäologengruppe am Aufweg zum Totentempel des Cheops in unmittelbarer Nähe zu seiner Pyramide zufällig auf das so genannte Grab der Hetepheres. Der Inhalt war sorgfältig verstaut und der Schatz beinhaltete Fundstücke, etwa eine Sänfte, die bis heute in Ägypten ihresgleichen suchen. Tatsächlich ist das Inventar einer der reichsten Grabfunde aller Zeiten im Nilland. Die Sache hat allerdings einen kleinen Schönheitsfehler: Der Sarkophag war leer, die Mumie der Königin fehlte – obwohl das Grab die Jahrtausende ungeplündert überdauert hat!

Doch handelt es sich überhaupt um ein Grab? Die Gruft besteht nämlich nur aus einer einzigen (noch dazu relativ kleinen) Kammer. Sollte man wirklich annehmen, darin die letzte Ruhestätte einer »großen königlichen Gemahlin« zu sehen? Wohl kaum. Insofern könnte Rudolf Gantenbrink durchaus mit seiner Theorie der Wahrheit nahe kommen.

Eines dokumentiert das Hetepheres-Inventar allerdings mit Sicherheit. Der Cheops-Schatz hat existiert – und er muss immens gewesen sein, wenn man zum Vergleich die Ausrüstung seiner Mutter heranzieht. Sorgfältige Überprüfung auch des kleinsten Hinweises ist deshalb angeraten und kann sehr wohl auch heute noch zu vielleicht wichtigen Resultaten führen.

So wie beispielsweise im Mai 1986. Damals lokalisierte ein ägyptisch-französisches Archäologenteam mit Hilfe eines Microgravimeters (einem sonarähnlichen Gerät, das unterschiedliche Gesteinsdichten anzeigt) in der Cheops-Pyramide drei oder vier Hohlräume. Das Besondere daran: Die registrierten Räume befinden sich ausnahmslos in der Nähe der Königin-Grabkammer. Der damalige Vorsitzende der ägyptischen Antikenverwaltung, Achmed Kadri, prüfte unvoreingenommen das gewonnene Material der beiden französischen Architekten Gilles Dormion und Jean-Patrice Goidin – und erteilte die Genehmigung zu Sondierungsbohrungen. Seine Begründung stand ganz in der weit über viertausendjährigen Tradition des Nillandes: »Ägypten«, verlautbarte Kadri damals gegenüber der Presse, »ist ein Land der Wissenschaft. ... Die Cheops-Pyramide«, fuhr er fort, »ist einer der größten Triumphe der Menschheit, und doch wissen wir kaum etwas über sie oder ihren Erbauer. Vielleicht können wir über die Hochtechnologie weiterkommen.«

Das tat man auch. Insgesamt bohrten die Franzosen acht Löcher mit drei Millimeter Durchmesser. Und siehe da: Die von dem Microgravimeter angezeigten Hohlräume existierten tatsächlich, wie die durch die Bohrlöcher eingeführte Spezialkamera bewies. Das war die gute Nachricht.

Aber alles, was die vermeintlichen Kammern enthielten, war Sand – und buchstäblich »heiße Luft«. Das war selbstverständlich ein enttäuschendes Ergebnis.

Aber nur auf den ersten Blick!

Immerhin hatte die Expedition zwei fundamentale Erkenntnisse erbracht: Einerseits das Faktum, dass in der »Großen Pyramide« tatsächlich noch Hohlräume unbekannter Anzahl existieren, die noch nie ein Mensch nach Fertigstellung des Grabmals betreten hat. Zumindest in den mit Sand gefüllten Kammern sollten jedoch detailliertere Nachforschungen erfolgen. Immerhin besteht die Möglichkeit, dass sich im Sand oder an den dahinter anschließenden Blöcken Gegenstände, Gänge oder weitere Kammern verbergen. Übrigens deckt sich dieses Untersuchungsresultat auch weitgehend mit den Waseda-Messungen. Und damit sind wir auch schon bei der zweiten Erkenntnis: Der Einsatz modernen Equipments bei der Suche nach noch unentdeckten Anomalien im Inneren der Pyramiden kann sehr dienlich, zeitsparend und effizient sein, wie die Franzosen unter Beweis gestellt hatten.

Neues aus alten Studierzimmern

Doch nicht jeder Forscher hat das Glück, über ausreichende Finanzmittel für teuere Forschungskampagnen zu verfügen. Dennoch sind ihre Theorien durchaus erwähnenswert:

- Der sowjetische Wissenschaftler Anatoli Wassilijew wandte sich 1985 in einem Artikel öffentlich gegen die bisherige Grabkammer-Theorie. Sowohl die Mumie von Cheops als auch dessen persönlicher Grabschatz, ist er der Ansicht, müssten keineswegs schon vor Jahrtausenden aus der Pyramide geraubt worden sein. Es sei vielmehr sehr wahrscheinlich, beides in noch ungeöffneten Geheimtrakten des Mausoleums aufspüren zu können. Seine Schlussfolgerung, so der Forscher weiter, beruhe auf der einzigartigen Vielzahl der bereits entdeckten Kammern, Gänge und Schächte. Diese dienen allein dem Schutz der Cheops-Mumie und der Grabausstattung.
  Cheops' Vorliebe für Geheimkammern ist sogar schriftlich überliefert. Im »Papyrus Westcar«, einer Erzählung aus dem 17. Jahrhundert v. Chr., ist folgende Passage enthalten: »Letztlich aber forderte Cheops von Djedi, er solle ihm das Geheimnis der Kammern des Thot offenbaren.«
  Und Miroslav Verner, Archäologe, Ägyptologe und Autor, zitiert aus »Westcar« folgenden Abschnitt: »Seine Majestät Chufu (= Cheops/Anm. d. Verf.) verbrachte Zeit mit der Suche nach geheimen Kammern im Heiligtum des Thot in Heliopolis, um für seinen Horizont etwas Ähnliches her-

vorzubringen.« Offensichtlich liebten die alten Ägypter also Geheimes. Und ganz besonders im Alten Reich (siehe Zeittafel). So suchten die Pyramidenbauer längst nicht nur die Kammer des Thot. Auch das legendäre »Grab des Osiris«, wie später noch genauer auszuführen sein wird, stand ganz oben auf der Suchliste der Gottkönige.

Das wahre Grab des Totengottes ist so etwas wie das »Bernsteinzimmer der Pharaonenzeit«. Zweifellos beteiligte sich auch Geheimniskrämer Cheops an der Jahrhunderte andauernden Jagd nach Ägyptens mysteriösestem Mausoleum, in dem Kemets heiligste Reliquie verwahrt sein soll – der Kopf des verehrten Totengottes! Gut möglich, dass Pharao Cheops, von derartigen Legenden und Aktionen beeinflusst, ebenfalls verborgene Bereiche in die Pyramidenkonstruktion mit einmauern ließ.

- 1991 sorgte eine deutsche Theorie für enormes Aufsehen. Der Wissenschaftler Siegfried Wachsmann wähnte sich im Besitz der Lösung des Geheimkammer-Rätsels. Er glaubte, durchaus überzeugend belegt, dass er das geometrische Prinzip der Pyramide erkannt habe. Schlüssel für all diese Berechnungen war die »Königs-Elle«. Für die Deutungen der Ägyptologen hatte der Winterberger nie viel übrig. In einem Artikel in der Zeitschrift »Vision und Technik« vom Mai 1991 brachte er seine ablehnende Haltung gegenüber den wissenschaftlichen Ansichten deutlich zum Ausdruck: »Bis jetzt hat man die Cheops-Pyramide von archäologischer Seite so behandelt, ... als wäre an der Cheops-Pyramide nichts mehr zu entdecken. Und das ist natürlich blanker Unsinn.« Dem würde ich gerne beipflichten. Aber der objektive Beweis fehlt nach wie vor. Leider führte auch Wachsmanns eindrucksvolles Material nach meinem Kenntnisstand bis heute nicht zum gewünschten Erfolg. Wer tritt in Wachsmanns Fußstapfen?

- Zu den mysteriösesten Geschichten, die sich um mögliche Geheimkammern in der »Großen Pyramide« ranken, gehört die ebenfalls akribische Arbeit des Forschertrios Professor Nedim R. Vlora, Geograph, Maria Simonetta Resta, Astronomin, und Gaetano Mongelli, Kunsthistoriker. Im Zentrum ihrer Arbeiten steht die Frage: Hat der bekannte Staufer-Kaiser Friedrich II. in seiner berühmten Burg Castel del Monte (siehe Bild 13) den Code zur Auffindung des Cheops-Schatzes verborgen?
  Was auf den ersten Blick als »unmöglich« abgetan wird, scheint den drei Wissenschaftlern aber gelungen. Um äußerste Genauigkeit bemüht, hat das Trio in einem ersten Schritt das in Apulien gelegene Castel exakt vermessen. Allein diese Arbeit war schon schweißtreibend genug. »Aber«, äußerte ein Mitarbeiter später, »das war erst der Anfang der Sisyphusarbeit.« Danach begann das große Rechnen. Am Ende ihrer jahrelangen Studien steht für die Forscher fest: »Das Abbild der Cheops-Pyramide lässt sich in Castel del Monte nachweisen!« Es entsteht, sind die drei Baresen der Auffassung, aus einem komplexen Wechselspiel zwischen Schattenwürfen der Burg und ihrem Grundriss. So kommt der Umkreis von Castel del Monte mit 232,92 Metern der Seitenlänge des Giseh-Grabmals (230,38 Meter) sehr nahe.
  Das Bemerkenswerteste an den Arbeitsergebnissen der Wissenschaftler ist allerdings ihre Behauptung, sie hätten bereits eine versteckte Kammer in der Pyramide ausfindig gemacht. Vlora behauptet sogar: »Die Tür zur Kammer haben wir bereits entdeckt.« Aber die Ägypter lassen keine Verifikation vor Ort zu.

Prüfenswert sind diese Arbeiten jedoch allemal. Sie haben nichts mit Pyramidenmystik zu tun, sondern basieren auf intensivem Quellenstudium, exakten mathematischen Berechnungen und zugehöriger Feldarbeit am oder im Objekt.

Dreh- und Angelpunkt »Königin-Kammer«?

Nach Sichtung des Materials zu diesem Kapitel kam ich zu der Überzeugung, dass sich die aussichtsreichsten Messungen, Berechnungen und architektonischen Gegebenheiten für einen noch verborgenen künstlichen Hohlraum auf die so genannte Königin-Kammer als »Ausgangspunkt« beziehen. Seien es ihre beiden Schächte oder die Messresultate der Waseda-Universität, alles bezieht sich mehr oder minder auf das Umfeld dieser Räumlichkeit.

Einer der Ersten, der aus der räumlichen Anordnung des bislang bekannten Gang- und Kammersystems auf eine «Lücke zwischen der Königin-Kammer« und der »unvollendeten Kammer« schloss, war der verstorbene dänische Architekt Hubert Paulsen. Bereits Ende der siebziger Jahre des letzten Jahrhunderts veröffentlichte er mutig seine Theorie, dass sich im selben Abstand wie zwischen Königs- und Königin-Kammer auch in Richtung unvollendeter Kammer im Felsplateau ein weiterer Hohlraum befinden müsste. 1980 erläuterte er seine Überlegungen und Berechnungen dann in dem faszinierenden Buch »Den Store Pyramid«. Überflüssig zu sagen, dass Paulsens Ansichten in der so genannten Fachwelt auf Ablehnung stießen. Der Tübinger Ägyptologie-Professor Hellmut Brunner argumentierte seinerzeit, die den Zugang zur Geheimgruft verschließende Mauer müsste längst gefunden sein.

Glücklicherweise teilten weder der »Amateur« Gilles Dormion noch der Experte Professor Yoshimura diese Haltung – andernfalls wären die leeren Hohlräume in der Cheops-Pyramide mutmaßlich noch heute unbekannt.

Und es gibt sogar Experten, die Dormion im Frühjahr 2000 auf dem 8. Ägyptologenkongress in Kairo offen ihre Anerkennung zollten. Der Franzose hatte sich nämlich nach seinem scheinbar vergeblichen Mühen im Cheops-Mausoleum nicht entmutigen lassen und sich ein neues Tatobjekt ausgespäht: Die Pyramide des Pharao Snofru (Cheops' Vater) bei Medum. Auf der Kairoer Tagung konnte er nunmehr verkünden, fündig geworden zu sein. Dormion hatte gleich *zwei* vorher gänzlich unbekannte Kammern lokalisiert und zusätzlich auch noch einen weiteren Korridor! Leider entpuppten sich beide Räume als Entlastungskammern, ähnlich jenen in der Cheops-Pyramide, von der man bis zu Dormions Entdeckung annahm, sie sei die einzige mit einem derartigen Einbau. Unter wissenschaftlichen Aspekten betrachtet war diese Erkenntnis also durchaus von hohem Wert.

Beflügelt durch seine Erfolge beabsichtigte Dormion gemeinsam mit dem Amateurforscher Jean-Yves Verd'hurt nunmehr noch einmal in den Cheops-Komplex zurückzukehren. Wie schon zuvor der Däne Paulsen, so sind auch die Franzosen der Überzeugung, dass sich unterhalb der Königin-Kammer noch ein erkundungswürdiger Hohlraum befindet. Auf ihn wurden Verd'hurt und Dormion aufmerksam, als sie die Georadar-Messungen aus den Achtzigerjahren analysierten. Demnach könnte sich der lang gesuchte Trakt nur 3,5 Meter tiefer befinden. Und man höre und staune: Für ihre Absichten haben die Franzosen sogar den »ägyptologischen Segen« erhalten. Leider war es der falsche!

Der Cheops-Skandal, Teil 2

Erteilt hatte ihn nämlich »nur« Michael Valloggia, Professor an der Genfer Universität. Der Schweizer war so beeindruckt von dem unterbreiteten Material, dass er sich entschloss, für die Franzosen ein offizielles Forschungsgesuch einzureichen. Ein derartiges Gebaren dürfte mehr als nur Raritätenwert haben und hat durchaus Vorbildcharakter. Aber nicht bei Zahi Hawass!

Dabei hatten es Dormion und sein Partner praktisch schon geschafft: Dr. Ali Gaballah vom *Supreme Council of Antiquities (SAC)*, also der Antikenverwaltung, hatte dem Duo bereits seine Erlaubnis erteilt. Doch dann wurde Gaballah vorzeitig in den Ruhestand versetzt. Sein Nachfolger hieß Zahi Hawass!

Und damit waren Ärger und Frustration vorprogrammiert. Wie nicht anders zu erwarten, zog Hawass die bereits erteilte Genehmigung wieder zurück – und das nach allem, was das französische Team für die Ägyptologie und für Ägypten bereits geleistet hatte. Unterstützt wurde dieses Verhalten auch noch von Rainer Stadelmann, dem wohl international bekanntesten deutschen Pyramidenforscher. Stadelmann hatte sich schon zuvor mit Gantenbrink überworfen, der daraufhin von der weiteren Erforschung der beiden Schächte der Königin-Kammer ausgeschlossen wurde – und blieb. Nunmehr gehörte Stadelmann auch zu denen, die den Daumen über die aussichtsreiche Arbeit des französischen Teams senkten.

Überraschend ist das nicht: Rainer Stadelmann war bis vor kurzem Leiter des Deutschen Archäologischen Instituts in Kairo (DAIK). Sie erinnern sich: Jene Dependance deutscher Altertumsforschung, die sogar schriftlich behauptet, »Rätsel birgt die Cheops-Pyramide nur noch für die große Schar der ›Pyramidenmystiker‹«. Nicht auszudenken die Blamage, wenn ausgerechnet diese Gruppe tatsächlich eine weitere Kammer aufspüren sollte! Das DAIK und vor allem sein international bekanntester Pyramidenexperte wären mit einem Schlag ihr fachliches Renommee los.

Und die Chancen für einen Erfolg der Franzosen sind vielleicht so hoch wie nie zuvor. Denn Professor Valloggia bestätigt: »Ich habe die Ergebnisse der Georadar-Messungen mit eigenen Augen überprüft. Man sieht darauf ganz klar einen von zwei Mauern begrenzten Gang – 1,05 Meter breit, was exakt dem Längenmaß von zwei Ellen im alten Ägypten entspricht.« Und dann hängt der engagierte Wissenschaftler noch eine kleine Sensation an: »Ich konnte mich selber davon überzeugen«, sagt er, »dass die Steinplatten am Boden der Königin-Kammer augenscheinlich überarbeitet worden sind.«

Dennoch hält Zahi Hawass an seiner Blockade- und Verhinderungsstrategie fest. Daran sollte man denken, wenn in der nächsten TV-Übertragung von der Öffnung der (ersten?) Verschlussplatte im Nordschacht der Königin-Kammer erneut das unkritische Loblied auf Ägyptens obersten Altertümerwächter gesungen werden sollte. Die pikante Ironie am Rande ist freilich die Vorstellung, wie die »Herren Experten« gebannt zuschauen, wenn tatsächlich, wie von Hawass geplant, Ende 2005 der neue Roboter den Schacht emporkriecht, während unter ihren Füßen, vielleicht nur dreieinhalb Meter entfernt, der Schatz des Pharao Cheops auf seinen Entdecker harrt …

Und damit endet dieses Kapitel. Aber diesmal wenden wir uns keiner neuen Story oder Epoche zu. Wir bleiben bei Cheops. Der alte Schlaufuchs hält nämlich noch eine Überraschung für uns parat. Aber das ist, obwohl wir bei Kemets größtem Pyramidenbauer bleiben, eine andere Geschichte oder, in diesem Fall zutreffender ausgedrückt, ein neues Kapitel. Es gibt der Suche nach dem Hort eine neue, völlig unerwartete Sichtweise.

7
Der Pyramiden-Bluff

Ist alles ganz anders?
Wo sind die Mumien der Pyramidenbauer?

Dr. Zakaria Goneim war ein »moderner« Ägyptologe. Aufgeschlossen, weltoffen, humorvoll und selbstkritisch. Seine Studenten behandelte er freundlich. Herablassendes Gehabe war ihm fremd. Er überzeugte nicht durch seinen Status, sondern vielmehr durch seine Fachkompetenz.

Unweit der Djoser-Pyramide entdeckte der intelligente Ägypter 1951 die Überreste der unvollendeten Pyramide von Pharao Sechemchet. Wie Djoser gehörte Sechemchet der 3. Dynastie an. Es dauerte fast drei volle Jahre, bis Dr. Goneim endlich am Ziel angelangt war, an der Grabkammer des kaum bekannten Pharaos.

Bescheiden wie Goneim war, überließ er die offizielle Öffnung der Sargkammer dem zuständigen Kultusminister. Zuerst machte sich Enttäuschung breit, denn das »Allerheiligste« zeigte sich so unvollendet wie die Pyramide selbst – und bar jeder auch noch so winzigen Spur der begehrten Grabbeigaben. Frustriert ließen die Arbeiter die Köpfe hängen. All die Mühen, so hatte es den Anschein, waren vergebens gewesen. Aber die Traurigkeit schlug rasch in Jubel um. Woher rührte dieses Wechselbad der Gefühle?

Zwar fehlte jegliches Ausstattungsmobiliar, aber in der Mitte der Kammer stand ein Alabastersarkophag mit einem aufgelegten Blumengebinde. Sollte er die Mumie des Königs enthalten? Sofort begann Goneim mit der Untersuchung des Sarkophags, der anstelle einer Deckplatte über eine nach oben aufziehbare Schiebetüre verfügte. Das Wichtigste jedoch war, dass sich keinerlei Hinweis auf eine Öffnung im Altertum fand. Der Sarkophag war unversehrt. Also war bis hierher kein antiker Grabräuber vorgedrungen – und das bedeutete wiederum, man würde die ungefledderte Mumie eines Herrschers des Alten Reiches (siehe Zeittafel) finden – die erste Pharaonenmumie aus dieser Epoche überhaupt! »Jetzt war klar«, wie Zakaria Goneim später in seinem Buch über die Entdeckung schrieb, dass man »das große Ziel erreicht« hatte. »Wir umtanzten den Sarkophag, umarmten uns und weinten«, schilderte der Ausgräber die Situation weiter. Wer hätte für diese Ausgelassenheit nach all den Mühen und Strapazen kein Verständnis?

Nach Howard Carter und Pierre Montet war Dr. Goneim erst der dritte Ägyptologe, der auf einen unbeschädigten Sarkophag gestoßen war – und der erste *ägyptische* Wissenschaftler. Entsprechend groß war der Menschenandrang zur Öffnung des Sarkophags am 26. Juli 1954. Neben Vertretern der Politik und besonderen Würdenträgern waren auch Journalisten aus aller Welt angereist, um den großen Augenblick festzuhalten und zu beschreiben.

Und es wurde wirklich ein unvergesslicher Moment. Der ungeplünderte Sarkophag enthielt nämlich – gar nichts. Die Alabastertruhe war vollkommen *leer*! Zakaria Goneim hat diese »Blamage« nie verwunden. Am 12. Januar 1959 beging er Selbstmord im Nil.

Sag' mir, wo die Mumien sind

Goneims bittere Enttäuschung ist kein Einzelfall. Im Gegenteil: Sie ist lediglich der traurige Höhepunkt einer auffälligen wie rätselhaften Kette: Unabhängig davon, ob die Grabkammer erbrochen war oder wie im Falle Goneims verschlossen – von keinem einzigen Pharao, der eine Pyramide errichten ließ, ist uns der Verbleib seiner Mumie bekannt – und in

Ägypten wurden bislang 116 dieser Grabmäler lokalisiert! Sei es Djoser, der Begründer der Pyramidenbauten, seien es Sechemchet oder Cheops: Bei sämtlichen Pharaonen des Alten Reiches ist es stets das Gleiche: Die Standorte ihrer Pyramiden sind zumeist bekannt und ihre Sarkophage standen bei der Auffindung größtenteils an ihren vorgesehenen Standplätzen. Aber die Mumien fehlen!

In den wenigen Ausnahmen, in welchen doch spärliche Leichenteile entdeckt wurden, stellten sich diese nach entsprechenden Untersuchungen meist als wesentlich jünger heraus. Sie waren also nicht einmal der jeweiligen Herrscherepoche zuzuordnen. Oder aber das »Lebensalter« der aufgefundenen Mumienteile passte nicht zur ermittelten historischen Lebensspanne des Pyramidenbesitzers.

Selbstredend verhält es sich bei den Königinnen nicht anders. Erinnert sei hier an das Grab Hetepheres' I. Apropos Hetepheres: Ihre Hinterlassenschaft ist eine der ganz wenigen größeren Artefaktsammlungen des Alten Reiches, die bis heute aufgespürt werden konnten. Wirklich große Pharaonenhorte aus dieser Epoche fehlen hingegen zur Gänze.

Ich bin dem Rätsel der verschollenen Pharaonenmumien nachgegangen. Ägyptologen meinen, das Fehlen der Körperhüllen mit noch nicht ausgereifter Mumifizierungstechnik erklären zu können. Da ist zweifellos etwas Wahres dran. Kaum geringer dürfte die Zerstörungsrate durch Altertums-Grabraub ausgefallen sein. Wenn man also nicht vor lauter »Fata-Morgana-Schätzen« verblendet ist, muss man freimütig einräumen, dass tatsächlich nicht mehr allzu viele Herrschermumien existieren dürften.

Sie sind wohl, ihrer kostbaren Beigaben unwiederbringlich beraubt, längst zu Staub zerfallen.

Der Diodor-Faktor

Oder ist sogar das genaue Gegenteil der Fall? Ruhen die meisten Herrscher ab der 3. Dynastie noch ungestört in geheimen Gräbern, weil man sie in Wahrheit nicht in ihren Pyramiden bestattete?

Dies ist keine These des Autors. Sie ist auch alles andere als neu. Rund 2100 Jahre ist sie bereits alt und stammt von dem griechischen Geschichtsschreiber Diodor, der im 1. Jahrhundert v. Chr. lebte und eine »Weltgeschichte« verfasste. »Kein König«, behauptet Diodor, »ist in der Pyramide, die er sich hat bauen lassen, auch beigesetzt worden.« Vielmehr sind die Pharaonen nach seinen Angaben in aller Heimlichkeit an einem unbekannten Ort begraben worden.

Man kann es drehen und wenden wie man will: Das macht Sinn! Immerhin steht die Historikeraussage mit den derzeitigen bekannten Fakten in vollem Einklang. Die Mumien fehlen ja tatsächlich – und zwar komplett. Narren uns also die Pyramidenbauer noch immer? Sind die gigantischen Steingebilde nichts weiter als Teil des größten Täuschungsmanövers aller Zeiten – auf das wir Generation für Generation immer wieder auf's Neue hereinfallen?

Es mag überraschen, aber es ist erfreulich, dass unsere Altertumswissenschaftler auch in dieser Frage gespalten sind und nicht unisono Diodors Angaben von vornherein als Legendenbildung abtun. So gibt es wenigstens einige Experten wie den britischen Archäologen N. F. Wheeler, die Diodors Behauptung durchaus als beachtens- und bedenkenswert einstufen. Georges Goyon, eine anerkannte Autorität, was die Cheops-Pyramide anbelangt, hält es allerdings für möglich, dass Diodor auf dieses damals weit verbreitete Gerücht hereingefallen ist, dessen Streuung von den Beamten und Priestern lanciert wurde, um Grabräuber von diebischen Aktivitäten in der Pyramide und deren Umfeld abzuhalten. Welcher Fledderer würde schon eine Pyramide aufbrechen, wenn er weiß, dass darin doch nichts von Wert zu finden ist? Auch diese Mutmaßung könnte richtig sein. Sie lässt sich jedoch im Gegensatz zu Diodors Bericht durch kein Beweisstück erhärten.

Man scheut sich fast, die Überlegung auszusprechen – sollte wirklich eine Chance bestehen, dass im Lande Kemet noch eine Art »zweites Tal der Könige« existiert, ein Pharaonenfriedhof des Alten Reiches? Fraglos ein faszinierender Gedanke!

Ein Tal der Könige der Pyramidenzeit?

Natürlich taucht sofort die Frage auf, wo sich diese Nekropole befinden könnte. Jede Annahme, jede Äußerung hierzu wäre pure Spekulation. Hier sind die Experten gefordert.

Allerdings gibt es auch eine überlegenswerte Alternative. Ich denke hierbei an KV 5 (*KV 5* = *K*ings *V*alley, Grab Nr. *5*), das so genannte »Grab der Ramses-Söhne«. Es ist die kammernreichste Anlage, die je in Ägypten gefunden wurde. Bisher (die Freilegung wird noch viele Jahre dauern) sind rund 160 Kammern geortet worden. Anstatt eines weitläufigen Wadis könnten die Herrscher also problemlos auch auf engstem Raum aufgebahrt worden sein. Und schließlich gibt es noch eine dritte Variante. Sie ist, wenn man so will, die Schnittmenge zwischen Pyramidengrab und ausgelagerter Bestattung. So weit ich bisher eruieren konnte, stammt die Grundidee von Otto Muck (1892–1956), einem österreichischen Elektroingenieur.

Otto Muck hielt ebenfalls nicht viel von der sturen Kammer-Fahndung in der Pyramide. Er orientierte sich lieber an den alten Texten – auch wenn diese als apokryph aus den Hörsälen verbannt worden waren. Kein Zweifel: Muck war eine Art »Ur-Däniken«. Wie der quirlige Schweizer liebte der Wiener provokante Problemstellungen, die an der traditionellen Lehrmeinung kräftig rütteln. In seinem Buch »Cheops und die große Pyramide« stellt er vorwitzig eine Frage, die sich in der Ägyptologie gar nicht stellt: «Wo«, lautet seine Kapitel-Überschrift, »liegt Cheops begraben?« Falls seine Mumie nicht geraubt und zerstört wurde, würden die Ägyptologen sicher auf dessen Pyramide verweisen.

Daran, so haben wir bereits erfahren, hatte freilich schon Diodor seine Zweifel angemeldet. Und Muck wurde noch in einem weiteren frühen Text fündig. Er beruft sich dabei auf Herodot, den »Vater der Geschichtsschreibung«. Der hat nämlich in seinem Reisebericht über Ägypten notiert: »... dazu kamen auf dem Hügel, auf dem die Pyramiden stehen, die unterirdischen Gemächer, die er (gemeint ist Cheops/Anm. d. Verf.) sich zu seinem Begräbnis auf einer Insel baute, denn er leitete einen Graben des Nils hinein ...«

Man kann es kaum glauben: Herodot behauptet mit anderen Worten, das Grab des Pharao Cheops befindet sich nicht in der Pyramide, sondern vielmehr *unter* ihr! Also *im* Giseh-Felsplateau.

Otto Muck zeigt damit eine weitere verfolgenswerte Spur auf, an deren Ende die Entdeckung des großen Cheops stehen könnte, wie der Ingenieur eindrucksvoll beschreibt: »Was könnten wir sehen, wäre der Felsen von Gise ... für unser Auge durchsichtig?« Dazu »müssen wir unsere Phantasie schweifen lassen. Drin liegt Cheops in ewigem Schlaf ... Die Mumie des Cheops liegt in einem goldenen Mumiensarg als in dem sie umschließenden Leib der Ewigkeit. ... Cheops liegt im Sonnenboot; seine Mumie ist die kostbare Fracht; über seinem Haupte wacht der goldene Falke, der den goldenen Sonnenball trägt. Um das Schiff sind Grabgaben aufgehäuft, eines Königs, eines Gottes würdig …«

Wie nahe Mucks Szenario vielleicht der Realität kommt, können wir erst seit einigen Jahren, genauer gesagt seit 1998, erahnen. Damals behauptete Zahi Hawass, das lang gesuchte Grab des Osiris in Giseh gefunden zu haben (siehe Kapitel 17). Zu der Anlage gehört auch eine Kammer, in deren Mittelpunkt ein Quader steht, auf dem die Mumie der Gottheit vom Nilwasser umspült wurde – ähnlich wie Muck es beschrieb.

Hawass' Theorie vom Osiris-Grab wird wissenschaftlich massiv angezweifelt. Um so mehr spricht für die Herodot/Muck-Variante, dass Cheops in einer ganz ähnlichen Anlage bestattet wurde. Aber vor voreiligen Schlüssen sind die weiteren Ergebnisse der Entdeckung abzuwarten. Eines belegt das Kammersystem indes schon jetzt: Herodots Behauptung ist in keinem Fall seiner Phantasie entsprungen. Auch dies weist darauf hin, dass die Suche nach weiteren Kammern in und bei der Cheops-Pyramide alles andere als aussichtslos ist und zu völlig überraschenden Resultaten führen kann.

Zwei überraschende Ergebnisse haben sich bereits herauskristallisiert: Zum einen scheint die Konfiguration Fluss/See mit Sockel beziehungsweise Sarkophag im Zentrum bei den alten Ägyptern kein Einzelfall gewesen zu sein. Nach Pyramidenbauer Cheops ist im Neuen Reich zumindest König Sethos I. auf dieselbe Idee verfallen – sicher in Abydos, wo er das bekannte Osireion für den Kopf des Osiris (siehe Kapitel 17) in megalithischer Bauweise errichten ließ. Zusätzlich aber vielleicht auch noch in seinem Grab im Tal der Könige (siehe Kapitel 12). Hier allerdings sind die Feldforschungen erst noch im Anfangsstadium.

Gab es einen »ägyptischen Marco Polo«?

Das andere, nicht minder interessante Resultat: Derartige Anlagen sind nicht auf Ägypten beschränkt. Erst vor wenigen Jahren gelang es chinesischen Archäologen, eine zumindest ähnlich aufgebaute Kammer im Grab des ersten chinesischen Quin-Kaisers, Quin Shi Huangdi (259–210 v. Chr.) nachzuweisen. Allerdings soll es dem Vernehmen nach doch einen beachtenswerten Unterschied zu den altägyptischen Anlagen geben: Der »chinesische See« besteht aus giftigem Quecksilber. Das Grab des ersten Quin befindet sich in der Provinz Shaanxi. Es handelt sich dabei um jenes Mausoleum, zu dem die weltberühmte Terrakotta-Armee aus gebrannter Tonerde gehört.

Auch wenn zwischen der mutmaßlichen Cheops-Anlage und dem Quecksilberraum des Quin Shi Huangdi mehr als 2300 Jahre liegen, stellt sich doch die Frage, ob die festgestellten Ähnlichkeiten nichts weiter sind als purer Zufall. Denn hinzu kommt noch eine weitere Merkwürdigkeit: Aus der Vogelperspektive betrachtet sieht das Quin-Grab wie eine riesige Pyramide aus, die sich in ihren »optischen Maßen« durchaus mit der des Cheops messen kann. Wer die Frage nach einer Verbindung der alten Ägypter mit den Kulturen Mittel- und Südamerikas aufwirft, der kann auch nicht ausschließen, dass ein »ägyptischer Marco Polo« die chinesische Kaiserstadt besucht hat.

Während sich aufgrund derartiger Meldungen das Interesse auf die »Große Pyramide« fixiert, bleibt die kleinste der drei Giseh-Pyramiden, die des Mykerinos, weitgehend unbeachtet. Dabei barg sie vielleicht den schönsten Pharaonensarkophag, der je gefertigt wurde. Jetzt ist er verschwunden – aber nicht spurlos. Doch das ist eine ganz andere Geschichte ...

8
Der Sarkophag des Mykerinos

1837: Der Sarkophag des Königs Mykerinos versinkt in sturmgepeitschten Meeresfluten. Neue Erkenntnisse könnten die aussichtslos scheinende Suche doch noch zum Erfolg führen.

Richard Howard-Vyse war Gardeoffizier und ein Mann rascher, unkomplizierter Lösungsmethoden (siehe Bild 18). Hätte nicht Alexander der Große bereits den gordischen Knoten gelöst, dem britischen Oberst wäre es mit Sicherheit nicht schwerer gefallen.

Im November 1836 erblickte Howard-Vyse erstmalig die Pyramiden von Giseh – und war tief beeindruckt über »das hohe Alter und den rätselhaften Ursprung« der drei Bauwerke. Zu diesem Zeitpunkt ist noch nicht bekannt, dass die riesigen Monumente von den Pharaonen Cheops, Chefren und Mykerinos (Altes Reich, 4. Dynastie, ca. 2532–2504 v. Chr.) errichtet wurden.

Howard-Vyse ließen die Pyramiden nicht mehr aus ihrem Bann, veränderten sein Leben. Der Oberst aus reichem Hause beschloss, sich fortan der Erforschung dieser »Gigantomanie in Stein« am Rande des Mokattam-Gebirges zu widmen. Nach ausgiebigen Erkundungen und Vermessungsarbeiten an den Pyramiden des Cheops und Chefren wandte sich der englische Offizier schließlich der des Mykerinos zu (siehe Bild 16). Sie ist mit 66 Meter Höhe die kleinste der Giseh-Königspyramiden. Allerdings bestand bei dieser Grabanlage das Problem, dass ihr Eingang noch völlig unbekannt war. Von den Methoden der modernen Archäologie wusste Howard-Vyse noch nichts. Aber das hinderte den dynamischen »Prä-Ägyptologen« aus Passion freilich nicht daran, ins Innere der Anlage vorzudringen – mit Unmengen von Schwarzpulver.

Gleichwohl: Der Aufwand lohnte kaum. Alles was Howard-Vyse in der Substruktur entdeckte, war der zerbrechliche Rest eines Holzsarges, der indes höchstwahrscheinlich der 26. Dynastie zuzuordnen ist. Außerdem fand man die Überreste eines männlichen Leichnams, der, wie sich später mit Hilfe der Radio-Carbon-Messung herausstellte, aus christlicher Zeit stammte und somit unmöglich Pharao Mykerinos zugeschrieben werden kann. Alles in allem also eine spärliche Ausbeute – wenn es da nicht das dritte Haupt-Fundstück gegeben hätte, das wertvollste Artefakt in der gesamten Pyramide: den prächtigen Sarkophag des Mykerinos!

Vyse entdeckte die dunkle Steinwanne an der Westwand der mutmaßlichen Grabkammer. Sie ist aus Basalt gefertigt und mit einem Hohlkehlabschluss versehen. Doch das Besondere des Sarkophags ist seine reichhaltige Verzierung. In die Wanne eingelassen – ausgeführt von geschicktester Künstlerhand – ist eine Palastfassade mit Nischen und Paneelen. Richard Howard-Vyse war stumm vor Staunen – vor sich hatte er den kostbarsten Fund, der je in einer der drei großen Pyramiden auf dem Giseh-Plateau bis heute zutage kam.

Wann in ihm der Entschluss reifte, wissen wir nicht. Aber in jedem Fall entschied sich der Brite, Mykerinos' mutmaßlich letzte Ruhestätte mit nach Großbritannien zu nehmen und dort dem British Museum zu übergeben. Robert Howard-Vyse hat, wie bei ihm selbst nachzulesen ist, auf seiner Rückreise ins englische Mutterland sowohl den hölzernen Sargdeckel als auch das vermeintliche Skelett des Pyramiden-Pharaos mitgenommen. Der Offizier verließ Ägypten samt seinem makabren Gepäck am 27. August 1837. Wohlbehalten kehrte Howard-Vyse nach einem kurzen Zwischenstopp in Malta nach London zurück. Und ab jetzt wäre eigentlich der Spürsinn eines Hercule Poirot von Nöten, denn von nun an wird die ganze Sache so rätselhaft wie die Suche nach dem legendären Bernsteinzimmer.

Denn es ist zumindest fraglich, ob Howard-Vyse wirklich bereits im Sommer 1837 ins Mutterland des »Empire« zurückreiste. Es fällt jedenfalls schwer, das zu glauben, wenn man das von ihm aus Eigenmitteln finanzierte zweibändige Werk über seine Ausgrabungen im Nilland studiert. Allein schon der Titel nährt Zweifel: »Operations Carried on at the Pyramids of Gizeh in 1837.« Es ist unwahrscheinlich, dass es dem umtriebigen Oberst gelang, im Zeitraum von frühestens Oktober bis Ende Dezember ein zweibändiges Werk zu verfassen – und auch noch selbst zu verlegen. Tatsächlich behauptet der Buchautor Peter Tompkins (leider ohne jegliche Quellenangabe): »1840 fuhr Howard-Vyse nach England zurück.«

Noch merkwürdiger ist freilich, dass der Brite seinen wertvollsten Fund, den Mykerinos-Sarkophag, in Ägypten zurückließ – und zwar für ein volles Jahr. »Erst im Herbst 1838«, gab mir der Berliner Ägyptologe Rolf Krauss bereitwillig Auskunft, wurde der Hohlquader »im Hafen von Alexandria auf ein Schiff verladen.«

Sehr zur Freude des British Museum, das schon sehnsüchtig auf das künftige Exponat wartete. Zu Recht: Einen echten Pyramiden-Sarkophag konnte und kann schließlich kaum eine Ägyptensammlung vorweisen. Die Basaltwanne hat England nie erreicht. Die «Beatrice«, das Transportschiff, das den Sarkophag beförderte, ist bis auf den heutigen Tag verschollen.

Ägyptologisches Seemannsgarn

Einer der Ersten, der einen konkreten Hinweis auf den Untergangsort der »Beatrice« vermeldete, war der deutsche Archäologe Heinrich Brugsch. Er schrieb: »Als Oberst Vyse … eintrat in den stillen Raum der ›Ewigkeit‹, da entdeckte sein

Auge als letzte Spur von Menkaura's (= Mykerinos/Anm. d. Verf.) Grabstätt' der ... Truhe steinernes Gehäus, ein einzig ausgehöhlter Block aus hartem Stein, von außen schön geschmückt nach Art und Weise einer Götterwohnung, wie sie im alten Reich der Meister baute.« Und dann kommt die entscheidende Passage: »Nach der Briten Hauptstadt London als wertvolles Denkmal der Altzeit gesendet, sank Schiff und Last im Angesicht von Gibraltar in des Meeres Tiefe.«

Heinrich Brugsch' Schilderung ist nicht zu trauen, denn er behauptet weiter: »Nur den Deckel rettete der leichte Stoff des Holzes, und statt im Meeresgrund ruht er heute wohl geborgen in Englands Hauptstadt an der Themse Ufer.«

Brugsch bezieht sich hier auf das aus Holz gefertigte Sargoberteil. Das wurde jedoch, wie wir bereits wissen, überhaupt nicht an Bord der »Beatrice« verfrachtet, sondern von Howard-Vyse persönlich auf seiner Rückreise von Ägypten nach England mitgenommen.

Tatsächlich hält Brugsch' Ortsangabe für den Untergang der »Beatrice« einer Verifikation nicht stand. So ist beispielsweise im Internet nachzulesen: »Das Schiff, mit dem der Sarkophag des Mykerinos im Jahr 1837 nach England gebracht werden sollte, versank im Sturm in der Biskaya.« Die Biskaya aber, zeigt uns ein Blick auf den Globus, ist jener Teil des Atlantiks zwischen der Nordküste Spaniens und der Westküste Frankreichs. »Vor der Küste Spaniens«, umschreibt Peter Tompkins die Untergangsstelle der »Beatrice« in seinem Buch »Cheops: Die Geheimnisse der Großen Pyramide – Zentrum allen Wissens der alten Ägypter« noch vager. Wesentlich präziser will es dagegen der deutsche Ägyptologe Rainer Stadelmann wissen. Er ist der Ansicht: »Der Steinsarkophag ist während der Überfahrt nach England, bei einem Sturm bei Leghorn, nahe der atlantischen Küste Spaniens verloren gegangen.«

Und tatsächlich sollen dort in den letzten Jahrzehnten vereinzelt Suchmannschaften versucht haben, das Wrack der »Beatrice« und vor allem ihre wertvolle Fracht zu orten – so weit bekannt wurde, waren sie allesamt erfolglos. Das kann nicht überraschen, suchten doch aufgrund eines einzigen kleinen Fehlers diese Expeditionen höchstwahrscheinlich allesamt an der falschen Stelle!

Denn die »Beatrice« erreichte gar nicht erst den Golf von Biskaya, ja nicht einmal die Meerenge von Gibraltar, wie Heinrich Brugsch behauptete. »Brugsch hat maßlos übertrieben«, ist die Auffassung von Rolf Krauss. Der Ägyptologe kann seine Meinung untermauern. Ansatzpunkt seiner Studien war der Ortsname Leghorn. Krauss erinnert sich: »Ich selbst meinte lange Jahre, dass dieser Ort an der spanischen Biskayaküste liegen würde, wenn auch der Name ›Leghorn‹ nicht spanisch klingt.«

Und was Krauss dann äußert, gibt der Ortung der »Beatrice« eine völlig neue Perspektive: »Als ich mich auf die Suche machte«, erzählt er nüchtern, »fand ich heraus, dass mit Leghorn nicht eine spanische Küstenstadt gemeint war, sondern dass Leghorn nichts anderes ist als die englische Form des italienischen Livorno.« Livorno ist eine italienische Hafenstadt nordöstlich von Korsika. Konnte es sein, dass die »Beatrice« hier tatsächlich vor Anker gegangen war?

Rolf Krauss, stellte sich alsbald heraus, setzte auf die richtige Fährte! Er konnte ermitteln, dass die verschollene »Beatrice« ihren Liegeplatz in Leghorn alias Livorno am 12. Oktober 1837 verließ – und danach »nicht mehr gesehen« wurde.

Wo aber ist das Transportschiff abgeblieben? Bei der Beantwortung dieser Frage war wieder einmal »Kommissar Zufall« behilflich. Ein Freund von Krauss, der Astronom Juan Antonio Belmonte, der aus der Provinz Murcia an der spanischen Mittelmeerküste stammt, berichtete ihm, dass es in seiner Familie eine »Tradition«, eine alte Überlieferung, gibt. Sie besagt, dass im Oktober 1837 Wrackteile bei der Stadt Cartagena (siehe Bild 17) angetrieben wurden – also genau zu jener Zeit, als die »Beatrice« verschwand!

Fassen wir zusammen:

1. Die bislang erfolglose Suche nach dem Wrack des Transportschiffes »Beatrice« (und damit verbunden die Suche nach dem Sarkophag des Pharaos Mykerinos) könnte künftig wesentlich bessere Erfolgsaussichten haben.
2. Der Grund hierfür besteht in der völlig veränderten Faktenlage in Bezug auf den Untergangsort der »Beatrice«, die das Ergebnis der Recherchen des deutschen Ägyptologen Rolf Krauss ist.
3. Gemäß seinen Ermittlungen ist die »Beatrice« weder im Golf von Biscaya gesunken noch im Bereich von Gibraltar. Vielmehr kenterte das Schiff sehr wahrscheinlich rund 400 Kilometer östlich der Meerenge auf der Höhe der spanischen Stadt Cartagena.

Falls Rolf Krauss Recht hat – und vieles spricht dafür –, bestehen mit den heutigen Bergungstechniken gute Aussichten, den verschollenen Sarkophag des Mykerinos in nicht allzu ferner Zukunft wieder ans Tageslicht zu bringen.

Eines aber bleibt rätselhaft: In der mir zugänglichen Literatur konnten ich letztlich nicht zweifelsfrei klären, ob Oberst Howard-Vyse tatsächlich bereits 1837 nach England zurückkehrte oder ob er erst 1840 wieder britischen Boden betrat. Falls letzteres zutrifft, wie Peter Tompkins behauptet, stellt sich die Frage: Welche geheimnisvolle Person nahm den Sargdeckel und den halbverwesten Leichnam aus der Mykerinos-Pyramide mit nach England?

Mykerinos' Sarkophag war leer. Sarg und Mumie sind spurlos verschwunden. Mehr Glück hatte da schon ein Trupp vermummter Gestalten. Die Bande soll einen Pharaonensarg aus purem Gold gefunden haben! Natürlich ist das aber wieder eine ganz andere Geschichte …

9
Echnatons Goldsarg

Der Goldsarg Echnatons verschwand im
Dunkel der Nacht – und ist seither verschollen.

In den ärmeren Regionen Ägyptens, dort, wo jegliche Industrieansiedlung fehlt, kann man sie auch heute noch in den klaren, kalten Nächten unter dem Sternenzelt antreffen: die Fellachen. In ihre »Geballahs«, die groben Wollumhänge, eingehüllt, sitzen sie um eine Feuerstelle herum und erzählen sich ihre Alltagsprobleme.

Manchmal kommt dabei die Sprache auch auf kleinere Funde, »antikas« (einheimischer Ausdruck für Aegyptica), die der geschichtsträchtige Boden Ägyptens »zufällig« freigegeben hat. Dabei liegt es im orientalischen Naturell dieser Männer, dass aus einem Ostrakon rasch ein Uschebti wird und aus diesem Totendiener eine golden gleißende Götterstatue.

Dem unerfahrenen Zuhörer einer solchen Runde sei deshalb dringend angeraten, nicht jedes Wort für bare Münze zu nehmen. Gleichwohl wäre es ebenso unklug, alle Geschichten von vornherein mit einer abschätzigen Handbewegung als »archäologisches Jägerlatein« abzutun. Denn: Wenn auch selten, so erzählen die Alten durchaus von wahren Ereignissen (besonders dann, wenn sie für ihre blumenreichen Ausführungen ein kleines Entgelt erhalten), die sich genau so abgespielt haben (oder zumindest fast genau so), wie sie es berichten.

Eine dieser Legenden erregte meine besondere Aufmerksamkeit: Es handelt sich um eine fast schon 130 Jahre alte Schilderung, deren Rätsel bis heute ihrer Lösung harrt. Dabei handelt es sich gar nicht um ein Schatzversteck im eigentlichen Sinne, denn die Erzählung berichtet lediglich von einem Einzelstück, dem Sarg Pharao Amenophis' IV. (1315–1334 v. Chr.) – der Welt besser bekannt unter seinem zweiten Namen Echnaton (siehe Bild 19). Und auch der Sarg ist nicht zu verachten – er soll nämlich aus Gold bestehen, aus purem Gold sogar! Doch zunächst gilt es die Frage zu klären, wer dieser Echnaton überhaupt war?

Nach seinem mutmaßlichen Sohn Tutanchamun, dem Pyramidenkönig Cheops und dem bauwütigen Ramses II. ist Echnaton der bekannteste altägyptische Herrscher. Echnaton erlangte seine Berühmtheit allerdings nicht, wie man bei einem Potentaten jener Epoche erwarten möchte, durch glorreiche Feldzüge und umfangreiche Gebietseroberungen.

Seine historische Leistung bestand vielmehr in der Einführung des ersten Monotheismus der Weltgeschichte. In einem radikalen, revolutionären Prozess schaffte »Achanjati«, wie sein Name altägyptisch wohl richtig ausgesprochen wird, die alten Götter ab, verjagte den Götzen-Klerus, ließ die Tempel schließen – und selbstverständlich deren unermessliche Schätze konfiszieren. Anstelle der Idole setzte er nur ein höheres Wesen, den allmächtigen Gott Aton, symbolisiert dargestellt durch die Sonnenscheibe und ihre lebensspendenden Strahlen. Ihm zu Ehren ließ der »Diener des Aton«, so die Übersetzung von Echnatons Namen, eine neue Hauptstadt aus dem Boden stampfen – Achet-Aton, heute meist Tell el-Amarna genannt.

Der »Horizont des Aton« bildete für ca. fünfzehn Jahre das religiöse wie politische Zentrum des Reiches. Aber bereits wenige Jahre nach Echnatons Tod wurde die Retorten-Hauptstadt unter Tutanchamun und dessen Nachfolgern schrittweise aufgegeben. Der Amarna-Spuk war vorüber.

Die Ägyptologie aber hatte ein Problem. Was geschah mit der Mumie des Ketzers? Es gibt drei Möglichkeiten:

- Echnaton wurde in seinem Grab bei Amarna beigesetzt und dort auch nach dem Umzug des Hofstaates zurückgelassen.

- Mit der Aufgabe von Achet-Aton wurde der königliche Leichnam nach Theben in das Tal der Könige oder an einen anderen geheimen Ort überführt.
- Die Mumie des Ketzers wurde von Gefolgsleuten des traditionellen Klerus zerstört.

Die Priesterschaft hätte, so die Meinung des renommierten englischen Ägyptologen Sir Alan Gardiner, die Mumie Echnatons »in Stücke gerissen und den Hunden zum Fraß vorgeworfen«. Sein Landsmann Nicholas Reeves hingegen neigt mehr der zweiten Theorie zu und suchte im Rahmen des »Amarna Royal Tombs Project« im Tal der Könige nach dem Leichnam Achanjatis – ohne Erfolg.

Und wie sieht es mit der ersten Möglichkeit aus? Diesbezüglich schreibt die Ägyptologin Joyce Tyldesley in ihrem Buch »Ägyptens Sonnenkönigin«: »Es ist klar, dass irgendwann nach der Amarnazeit ein Übergriff auf das Königsgrab stattfand, bei dem die königlichen Sarkophage zertrümmert ... wurden.« Es wäre an sich äußerst wahrscheinlich, dass im Rahmen dieser Aktionen auch die sterbliche Hülle des Pharaos vernichtet worden wäre. Aber sie hat überdauert – jedenfalls wenn man den Erzählungen der Fellachen aus der Gegend um Tell el-Amarna glaubt.

Frevel in der Königsgruft

Seit nunmehr fast 130 Jahren behaupten sie nämlich steif und fest, dass um das Jahr 1880 vermummte Gestalten aus dem Königsgrab von Achet-Aton einen goldenen Sarkophag entwendet hätten. Achmed, einer der ältesten Fellachen in dieser Region, erinnerte sich: »Mein Vater hat es mir selbst erzählt. Nicht weniger als acht Männer, ein jeder eine Fackel hochhaltend, drangen 1880 in das bis dahin verschollene Grab ein.« Und weiter wusste Achmed: »Es dauerte nur etwa eine Stunde, bis sie die Königsgruft wieder verließen. In der einen Hand hielt jeder von ihnen weiterhin eine flackernde Fackel. Mit der anderen aber schulterten sie einen golden schimmernden Sarg.« Achmed beendete seine Schilderung mit der Feststellung: »Die Gruppe entschwand in der Dunkelheit und wurde nie wieder gesehen. Ebenso wenig der Goldsarg.«

So weit die Ausführungen des Greises. Natürlich stellt sich sofort die Frage: Gehört Achmeds gestenreich vorgetragene Geschichte ins Reich der Fabeln oder enthält sie zumindest einen wahren Kern?

Dichtung oder Wahrheit?

Den Ergebnissen meiner Recherchen zufolge kann ich sagen: »In dubio pro Achmed« – im Zweifelsfall sprechen die Indizien für Achmed. Und es sind gewichtige Belege, die seine Sicht der Dinge untermauern, freilich mit kleinen, aber wichtigen Abstrichen und Ergänzungen.

Zuerst: Achmed tut so, als wären die vermummten Männer ortsfremde Leute gewesen, die man nie wieder gesehen habe. Damit will er vermeiden, dass die Bewohner aus der Umgebung von Tell el-Amarna als Grabräuber in Verruf geraten. Die Realität sieht anders aus. Es waren sehr wohl Ortsansässige, die ganz im Ostteil von Achet-Aton die gut versteckte Felsenanlage aufspürten.

Auch über den Zeitpunkt der Entdeckung gibt es abweichende Behauptungen. Achmeds Jahresangabe 1880 werden häufig die »späten achtziger Jahre des 19. Jahrhunderts« (Reeves) entgegengestellt. Hier allerdings neigt sich die Waage deutlich zu Gunsten von Achmeds Behauptung. So ist wissenschaftlich verbrieft, dass bereits 1882 in unmittelbarer Umgebung des Königsgrabes ein kleines Schatzversteck mit Gold-Schmuckstücken aus der Amarna-Periode ans Tageslicht kam. Sollte der Fund kein Zufall gewesen sein, sondern das Werk eines Profis, so konnte diesem erfahrenen »Relic Hunter«, einem Antiken-Schatzjäger, der Eingang zur Krypta der Königsfamilie Echnatons kaum verborgen bleiben.

Und das blieb es auch nicht. Mehr noch: Dass der Goldsarg tatsächlich jener Achanjatis war, der aus dem Grab im Wadi Gebel Abu Hassa el-Bahari geborgen wurde, ist sogar von Seiten der Wissenschaft bestätigt worden.

Das Sayce-Dokument

Archibald Henry Sayce war ein britischer Forscher wie aus dem Bilderbuch: intelligent, ein Gentleman vom Scheitel bis zur Sohle und begütert. Seine Expeditionen führte er stets »Erster Klasse« durch. Im Falle von Ägypten hieß die Erste Klasse »Seven Hathors« und war ein Dahabija, ein typisches Nilschiff mit großen, dreieckigen Segeln. Sayce hatte die »Seven Hathors« nicht etwa gemietet, sondern gleich gekauft und für seine Zwecke ausgestattet. So richtete er an Bord eine komfortable Bibliothek ein – mit rund 2000 Büchern.

A. H. Sayce ging dem »Fall Echnaton« auf den Grund. Am 26. Februar 1890 fasste er die Ergebnisse seiner Ermittlungen in Luxor in einem Brief zusammen. Er ist äußerst aufschlussreich. Der Brite schrieb: »Das Grab und die Mumie von Amenophis IV., dem ›Ketzerkönig‹ der ägyptischen Geschichte, wurden in Tell el-Amarna gefunden. ... Die Mumie des Königs wurde bedauerlicherweise in Stücke gerissen.«

Die Mumienschändung war und ist leider alte Grabräubertradition. Dies basierte allerdings nicht auf persönlichen Ressentiments gegenüber dem Königshaus. Vielmehr ging es den Leichenfledderern darum, den kostbaren Schmuck und die wertvolle Totenmaske, die den Verstorbenen angelegt wurden, aus den Binden herauszutrennen.

Die Diebe legten eine höchst professionelle Vorgehensweise bei der Plünderung der Gruft an den Tag, wie Sayces weitere Ausführungen in seinem Schreiben dokumentieren. »Das Grab hat sich für die Antiquitätenhändler von Achmim, die sich seiner angenommen haben, als ... zweite ... Fundgrube erwiesen. ... Die schönen Gegenstände aus Elfenbein und Alabaster, die in letzter Zeit auf dem Antiquitätenmarkt auftauchten, die Bronzeringe und das emaillierte Porzellan (Fayence), welche die Kartuschen von Amenophis IV. und die Sonnenscheibe tragen, das feine Glas und die Armreifen aus reinem Gold, die Reisenden zum Kauf angeboten wurden, stammen allesamt aus dem geschändeten Grab.«

»Direktvermarktung« auf ägyptische Art

Diese Auflistung von Sayce ist bemerkenswert. Zum einen zeigt sie, welche reichhaltigen Wertgegenstände die Syringe zum Zeitpunkt ihrer Entdeckung noch barg. Andererseits dokumentiert sie das überaus clevere Vorgehen der Räuber. Einen Teil der Beute verhökerten diese an die lokalen Antiquitätenhändler. Andere Fundstücke hingegen boten die Diebe in einer Art »Direktvermarktung« zahlungskräftigen Touristen auf dem blühenden Schwarzmarkt an. So war es faktisch unmöglich, die Friedhofsräuber dingfest zu machen, denn die Reisenden konnten die Diebe selbstverständlich nicht identifizieren.

Wer immer auch die Täter waren – sie wurden nie gefasst. Den Verdacht, sie könnten mit den Diebstählen etwas zu tun haben, wiesen die Männer aus Tell el-Amarna weit von sich. Und als Beleg ihrer immerwährenden Gesetzestreue konnten sie darauf verweisen, dass sie es schließlich waren, die den zuständigen Behörden »umgehend« die Entdeckung der Pharaonengruft gemeldet hatten.

Henry Sayce ließ sich allerdings von den Arabern nicht hinters Licht führen. In seinem Schreiben merkte er zur Bauernschläue der Araber fast schon verbittert, zugleich aber doch respektvoll an: »Jetzt, da es (das Grab Echnatons/Anm. d. Verf.) der kostbaren Gegenstände beraubt worden ist, die es einst enthielt, haben sie sich dazu herabgelassen, uns über seine genaue Lage zu informieren.«

Doch was wurde aus Echnatons Grabinventar? Einzelne Stücke der gefundenen Schätze konnte man später identifizieren. So teilen sich beispielsweise heute die Museen von Liverpool und Edinburg die »Sore« aus dem Schmuckversteck in der Umgebung des Echnaton-Grabes. Von Achanjatis Goldsarg aber fehlt jede Spur.

Wurde er am Ende gar eingeschmolzen? Wie wir gesehen haben, sind die Fellachen geschäftstüchtige Männer. Sie wussten mit Sicherheit, dass sie für profane Goldbarren nicht annähernd den gleichen Profit erzielen würden wie für das antike Leichenbehältnis. Nein, der Goldsarg blieb aller Wahrscheinlichkeit nach unangetastet.

Somit bleiben eigentlich nur noch zwei Möglichkeiten, die für seinen Verbleib in Betracht kommen. Entweder liegt der Sarg im Magazin eines Museums, das ihn aus fragwürdiger Quelle bezogen hat. So geschehen zum Beispiel im Fall des Ägyptischen Museums München. Dort hielt man jahrzehntelang die Fragmente einer Sargwanne unter Verschluss. Ironischerweise wird gemutmaßt, dabei könne es sich um das

Unterteil des Echnaton-Sarges handeln. Falls dem wirklich so sein sollte, ist er aber nicht mit dem Goldsarg dieser Geschichte in Zusammenhang zu bringen, denn die Wanne stammt unzweifelhaft aus Grab KV 55 im Tal der Könige.

Sehr wohl aber könnten der Amarna-Goldsarg und der KV-55-Sarg ein und derselben »Serie« zugehören. Es ist also durchaus denkbar, dass Echnatons Goldsarg optisch hohe Ähnlichkeit mit dem Tutanchamuns aufweist. Denn dessen zweiter, ebenfalls aus Holz gefertigter Sarg hat wiederum auffallend hohe Ähnlichkeit mit dem in KV 55 vorgefundenen Modell. Sollte also ursprünglich der Behälter aus KV 55 zum Inventar des Echnaton-Grabes bei Amarna gehört haben, steht die Ägyptologie vor einem weiteren dicken Fragezeichen: Wieso wurde der Holzsarg aus dem Amarna-Grab entfernt, in das Tal der Könige verbracht und dort im Rahmen der Beisetzung im Grab Nr. 55 verwendet?

Goldsarg statt Leiche im Keller?

Möglich wäre aber auch, dass der Sarg in Privatbesitz gelangte. Finanzkräftige Magnaten haben meist ein regelrechtes Netzwerk an Informanten, die sie über lukrative, legal wie illegal zu erwerbende Artefakte informieren. Vielleicht hat einer der von A. H. Sayce erwähnten »Antiquitätenhändler aus Achmim« den Goldsarg Echnatons im Auftrag eines leidenschaftlichen Sammlers erworben?

Das wäre ein Fall für einen »Ägyptiv« (aus *Ägyp*ten und Detek*tiv*), einen passionierten Rechercheur. Ansatzpunkte gibt es einige. Etwa die Nachfahren der Händler von Achmim. Lohnend könnte auch die Durchsicht von Archibald Sayces Papieren sein. Vielleicht hat er noch mehr ermittelt, als er in seinem Brief mitteilt …

Aber es fehlen häufig Zeit und Geld. Wie wäre es eigentlich, wenn ein Sponsor einmal nicht den Ankauf eines Objekts durch ein Museum finanzieren würde, sondern eine derartige Recherche? Ob der »Ägyptiv« auf Echnatons Goldsarg stoßen würde, kann man nicht abschätzen.

Aber mit Sicherheit käme er mit einer spannenden Geschichte zurück, die vom Schicksal der Amarna-Frauen nach Echnatons Tod handelt – und von einem noch unentdeckten Tal mit unberührten Gräbern und Schätzen. Aber damit habe ich fast schon zuviel verraten, denn das ist ja eigentlich eine ganz andere Geschichte …

10
Ein zweites Tal der Königinnen?

Das Schicksal der Amarna-Frauen führt vielleicht auf die Spur eines zweiten Tals der Königinnen. Ist es lediglich ein Wunschgebilde oder noch verborgene Realität?

Wenn es tatsächlich Echnaton gewesen ist, dessen Goldsarg Ende des 19. Jahrhunderts von vermummten Gestalten abtransportiert wurde, dann bedeutet dies höchstwahrscheinlich, dass auch die übrigen, in Achet-Aton verstorbenen Mitglieder des Königshauses beim Umzug des Hofstaates nach Memphis zurückgelassen wurden. Diese Annahme ist allerdings in Fachkreisen heftig umstritten. Es gibt nicht wenige Ägyptologen, die davon ausgehen, dass die Leichname zumindest der engsten und ranghöchsten Familienmitglieder umgebettet wurden. Auf dieser Theorie basieren, wie bereits im vorangehenden Kapitel kurz erwähnt, die Ausgrabungen des »Amarna Royal Tombs Project«, das in der Vergangenheit unter der Leitung des Engländers Nicholas Reeves (siehe Bild 33) stand. Gegenwärtig konzentrieren sich die Grabungen des Teams auf ein Areal im Tal der Könige, direkt neben dem Eingang zum Grab Ramses' VI. – nur wenige Meter entfernt von der Gruft Tutanchamuns.

Ich will mich nicht in diese Expertenauseinandersetzung einmischen. Denn wie dem auch sei, bis heute fehlen die Gräber selbst ranghöchster Familienangehöriger des Amarna-Clans, wie die Tabelle auf der folgenden Doppelseite zeigt.

Dies ist, so sei nochmals betont, lediglich eine Auswahl, die sich auf den allerengsten Familienkreis der Amarna-Sippe bezieht. Andernfalls ließe sich die Liste spielend verdoppeln. Zum Beispiel mit Kija und Pi, Nebenfrauen Echnatons oder mit dessen zahlreichen Geschwistern.

Zweifellos die beiden interessantesten Personen in dieser Aufstellung sind Meritaton und Anchesenamun (siehe Bild 20), jene beiden Töchter Echnatons und der schönen Nofretete, die selbst den Status einer »großen königlichen Gemahlin« erreichten.

Meritaton nimmt sogar eine Sonderstellung ein, denn der deutsche Ägyptologe Rolf Krauss schließt aus seinen Studien, dass nach Echnatons Tod Meritaton eine Zeit lang »alleine regierte, bevor sie Semenchkare ehelichte«. Meritaton wäre demnach sogar eine der wenigen Frauen auf dem Pharaonenthron gewesen. Entsprechend kostbar und umfangreich sollten ihre Grabbeigaben ausgefallen sein. Dieser Schluss scheint zwar logisch, kann aber dennoch grundlegend verkehrt sein, denn Meritaton war als Tochter des Ketzers von Amarna beim Klerus und zumindest in weiten Teilen auch bei der Bevölkerung verpönt. Dies um so mehr, als sie es unterließ, nach dem Tod ihres Vaters die alten Götter wieder einzusetzen. In der Ägyptologie ist aus diesem Grund keine Einigkeit über Meritatons Schicksal zu erreichen. Einige der Wissenschaftler nehmen an, dass sie überhaupt kein Begräbnis erhalten hat oder ihr Grab zu einem späteren Zeitpunkt von offizieller Seite geplündert und zerstört wurde.

Ähnliches wird auch über Echnatons dritte Tochter, Anchesenamun, verbreitet. So glaubt der Forscher Bob Brier, Tutanchamuns Gemahlin sei »niemals ordnungsgemäß bestattet« worden. Der Verfasser hat sich bemüht, in seinem Buch »Der Tut-anch-Amun Skandal. Es war alles ganz anders« aufzuzeigen, dass im Gegenteil sehr viel für eine standesgemäße und ehrenvolle Bestattung von Anchesenamun spricht. Doch ob so oder so, ob geplündert oder intakt, die Entdeckung der letzten Ruhestätte von Tutanchamuns Gemahlin wäre eine Weltsensation. Man stelle sich vor: Anchesenamuns Grab hätte die Jahrtausende ebenfalls ungeschändet überdauert und sie läge noch immer in ihrem Sarkophag, die Mumie umschlossen von einem anthropoiden Sarg aus purem Gold – wie ihr Vater Echnaton und ihr Gemahl Tutanchamun.

Name	**Familienrang/ Funktion**	**Verbleib**	**Grabausstattung**
Teje	Ex-Königin, Mutter Echnatons	vielleicht Grab KV 55 im Tal der Könige	u. a. Teile eines goldenen Schreins
Semenchkare	Herkunft ungeklärt, vielleicht Halbbruder Tutanchamuns, vermutlich ca. 2 Jahre König von Ägypten	möglicherweise im Tal der Könige, in KV 55	vielleicht 4 Kanopensärge, von Tutanchamun genutzt
Nofretete	Königin, Gemahlin Echnatons	unbekannt, vielleicht Königsgruft von Amarna	sicher: Fragment eines Uschebti, unsicher: ein Siegelring
Meritaton	1. Tochter Echnatons, evtl. auch dessen Gemahlin und Königin als Semenchkares Frau	unbekannt	keine Hinterlassenschaft bekannt
Maketaton	2. Tochter Echnatons und der Nofretete	vermutlich Königsgruft von Amarna	Bruchstücke des Sarkophages
Anchesenamun	3. Tochter Echnatons, Königin unter Tutanchamun und vielleicht auch Gemahlin von Pharao Eje	unbekannt	keine Hinterlassenschaft aus ihrem Grabinventar bekannt
Neferneferuaton	4. Tochter Echnatons	unbekannt	Grabinventar nicht bekannt

Nefer-neferure	5. Tochter Echnatons und der Nofretete	möglicherweise Königsgrab v. Amarna	keine Grabausstattung bekannt.
Setepenre	6. Tochter Echnatons	vielleicht Amarna-Königsgruft	keine Artefakte des Grab-Inventars bekannt
Ti	Gemahlin von Pharao Eje, dem Nachfolger Tutanchamuns	unbekannt	nicht bekannt

Damit allerdings sind wir wieder in der harten Realität. Bevor dieses Szenario Wirklichkeit werden kann, bliebe nämlich noch die Frage zu klären, wo sich ihre Gruft überhaupt befindet. Und genau mit dieser Problemstellung stoßen wir auf ein weiteres großes Fragezeichen der Ägyptologie.

Armana ist nur ein Puzzleteil des Rätsels

Anchesenamun, so viel steht fest, wurde nicht in Amarna beigesetzt – aber wo dann? An diesem Punkt müssen wir erkennen: Die Suche nach den verschollenen Amarna-Frauen ist lediglich ein Teilaspekt des Problems. In Wahrheit ist das Rätsel viel umfassender, denn wir besitzen nicht eine einzige, unzweifelhaft der 18. Dynastie zuzurechnende Mumie einer altägyptischen Königin und kennen ebenso fast keine ihrer tatsächlichen Begräbnisorte! Es ist, als wären die edlen Damen aus Ägyptens berühmtester Herrscherdynastie buchstäblich vom Erdboden verschwunden.

Versierte Leser werden vielleicht annehmen, dass die Lösung dieses Rätsels eigentlich sehr leicht fallen müsste. Sie denken dabei an das Pendant des berühmten Tals der Könige, das unweit davon gelegene Tal der Königinnen. Grundsätzlich ist diese Idee nicht schlecht – gleichwohl trifft diese Annahme nicht zu. »Das Tal der Königinnen umfasst mehr als 70 Gräber«, klärt der Wissenschaftsjournalist Alberto Siliotti die Leserschaft seines Buches »Tal der Könige« diesbezüglich auf, »von denen einzelne aus der XVII. Dynastie datieren.«

Siliotti führt weiter aus: »Die meisten Gräber wurden jedoch während der Ramessidenzeit (XIX. und XX. Dynastie) angelegt. Erst von Beginn der XIX. Dynastie an, mit der Bestattung von Sat-re, der Gattin Ramses' I. und Mutter Sethos' I., beherbergte das Tal der Königinnen die sterblichen Überreste der königlichen Gemahlinnen.« Biban el-Harim, so die arabische Bezeichnung für die Nekropole der »großen königlichen Gemahlinnen«, scheidet also als Königinnen-Friedhof der 18. Dynastie aus.

Alternativ dazu bietet sich Biban el-Moluk, wie das Tal der Könige im Arabischen heißt, selbst an. Und tatsächlich lassen sich hier Königinnengräber nachweisen, etwa Grab KV 42. Ursprünglich wurde diese Anlage für Königin Hatschepsut-Meritre, die Hauptgemahlin von Thutmosis III., in den Fels getrieben. Allerdings wurde Hatschepsut-Meritre niemals in der Gruft bestattet, das ist archäologisch zweifelsfrei erwiesen. Wo aber ist Meritre dann beigesetzt worden? Es gibt Hinweise auf eine Bettung in KV 35, dem Grab ihres Sohnes Amenophis II. Unklar ist gleichwohl, ob es sich dabei um eine beabsichtigte Beisetzung handelte oder vielmehr um eine nachträgliche Depotisierung.

Noch ergiebiger, aber auch noch rätselhafter ist in dieser Hinsicht KV 21, das letztmalig 1989 untersucht wurde. Der leitende Archäologe des Projekts, Donald Ryan, machte im Rahmen der Sondierungsarbeiten zwei kaum beachtete, in

13 *Das von Stauferkönig Friedrich I. erbaute Castel del Monte in Italien. Enthält die Burg den Schlüssel zur Grabkammer von Pharao Cheops?*

16 *Pharao Mykerinos, der Erbauer der dritten Giseh-Pyramide. Ob sein Sarkophag jemals wieder auftaucht ...?*

17 *Die Küste bei Cartagena. Versank in dieser Region der Sarkophag des Pyramidenbauers in den tosenden Fluten?*

18 *Richard Howard-Vyse wollte den Mykerinos-Sarkophag nach England bringen. Er hatte die Rechnung ohne Neptun gemacht …*

19 *Oberteil einer Statue von König Echnaton. Seinen goldenen Sarg entwendeten »vermummte Gestalten«.*

20 *Mutmaßliches Abbild von Anchesenamun, der Gemahlin Tutanchamuns. Wo ist ihr Grab angelegt worden?*

21 *Lord Carnarvon. Er hortete förmlich Pharaonenschätze auf dem Familien-Stammsitz »Highclere Castle«.*

22 *Schloss Highclere. Verbirgt sich hinter seinen Mauern noch heute ein dritter Antikenschatz?*

23 *Howard Carter arbeitet am Sarg Tutanchamuns. Dabei entwendete er mehrere Objekte – unter anderem aus purem Gold gefertigte Gegenstände.*

24 *Inhalt eines Schmuckkastens des Königs Tutanchamun. Nur selten stimmten die Inventarverzeichnisse mit dem tatsächlichen Inhalt überein. Grabräuber sind aber nach ägyptologischen Erkenntnissen nie in die Gruft eingedrungen …*

25 *Der Eingang zu KV 17 im Tal der Könige. Liegt hier, tief unter der Erde, der legendäre Sethos-Schatz?*

26 *Scheich Ali abd el-Rassul, der »König der West-Bank«. Er finanzierte die Suche nach dem Sethos-Hort aus eigener Tasche.*

27 *Giovanni Belzoni hätte vielleicht den Sethos-Schatz entdeckt, aber er vertraute den Rassuls – das war ein kapitaler Fehler!*

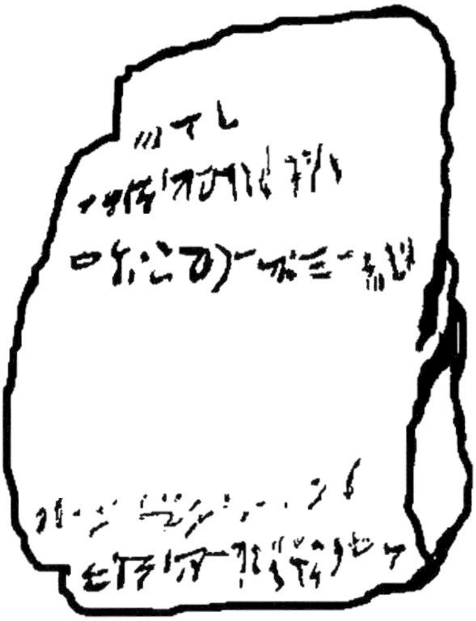

28 *Die Inschrift auf Ostrakon Cairo J. 72460 weist den Weg zu einer Königinnen-Gruft – im Tal der Könige!*

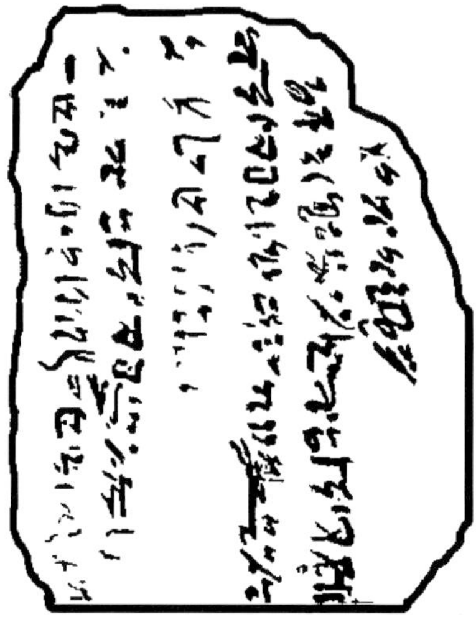

29 *Die andere Seite des Codes von Ostrakon Cairo J. 72460. Wer knackt ihn?*

30 *Bruchstückhafte Skizze eines noch unbekannten Grabes in Biban el-Moluk. Derartige Ostraka können buchstäblich Gold wert sein.*

Wahrheit aber äußerst wichtige Entdeckungen. Er stieß auf zwei bereits von dem Grabentdecker Giovanni Belzoni (1778–1823) erwähnte Mumien.

Ryans Untersuchung ergab, dass die Leichname in der gleichen, äußerst selten anzutreffenden Haltung mumifiziert worden waren: »... der linke Arm war im Ellbogen abgewinkelt, die linke Hand war zur Faust geballt, der rechte Arm seitlich am Körper ausgestreckt.« Jedem Ägyptologen ist bei dieser Beschreibung sofort klar, welche Stellung die beiden Toten bekleideten, denn auf diese Art wurden ausschließlich Herrscherinnen bestattet. Die Mumien sind also die sterblichen Überreste von zwei Königinnen des Alten Ägypten – nur von welchen? Alles, was das Grab in diesem Zusammenhang an Fragmenten und Artefakten preisgab, ist eine vage Datierung der beiden Fürstinnen in die 18. Dynastie.

Ziehen wir ein kurzes Zwischenfazit: Selbst wenn wir im Besitz einiger weniger Mumien von *mutmaßlichen* Königinnen der 18. Dynastie sind, ändert das nichts an der Tatsache, dass wir von den wenigsten ihre Gräber bzw. ihre Leichname kennen. Ebenso fehlen die Begräbnisstätten engster Familienangehöriger, wie ich am Beispiel der Amarna-Frauen deutlich gemacht habe. Ein Teil der antiken Königs-Gattinnen mag im Tal der Könige beigesetzt worden sein (siehe auch Kapitel 13, »Der Isis-Nofret-Code«), für den Großteil der Familienangehörigen des jeweiligen Königs gilt das indes nicht. Aber: Ob Königin oder Prinzessin, ob Thronanwärter oder Letztgeborener, für sie alle wurden Gräber angelegt – mit teilweise märchenhaften Grabbeigaben, wie das Beispiel der drei Prinzessinnen oder Haremsdamen Thutmosis' III. beweist.

Ein katastrophales Unwetter – endlich!

Es war Ende Juli 1914, als sich über Theben der Himmel mehr und mehr verdunkelte. Wo sonst kein Wölkchen das monotone Blau des Firmaments trübt, quollen rasch rabenschwarze Türme in die Höhe. Bald schon erkannte man heftiges Wetterleuchten. In Kurna standen die Männer aufgeregt gestikulierend zusammen. Aufmerksam verfolgten sie das Heranziehen der bedrohlichen Wetterfront. Wie lange hatten sie auf diesen Tag gewartet, ihn regelrecht herbeigesehnt! Jetzt galt es nur noch genau zu beobachten, wo das Unwetter seine größte Zerstörungswut entfalten würde. Danach würde endlich wieder ihre große Stunde schlagen!

Und – Allah sei Dank – es wurde ein katastrophales Unwetter! Am schlimmsten traf es den »Friedhof der Affen«, eine Nekropole südlich vom Tal der Könige. Sintflutartig ergossen sich dort die Wassermassen über den steinigen, von der Kraft der Sonne festgebackenen Boden und rissen wahre Geröll-Lawinen mit sich fort.

Kaum aber war der Spuk vorüber, eilten die Rassuls und andere Dorfbewohner in das betroffene Gebiet – ein jeder sein spezielles »Grabungswerkzeug« tragend. Doch sie durchwühlten den schlammigen Boden nicht etwa nach Gutdünken. Nein, die Profis handelten nach einer stets aufs Neue bewährten Grabräuberregel, die da lautet: »Das Wasser weist dir den Weg.« Sie erklommen also die umliegenden Berge und betrachteten genau, wo das über die Klippen stürzende Wasser in einer möglichen Felsspalte verschwand und tiefer gelegen wieder an die Oberfläche kam. Dann nahmen sie ein Schöpfradseil, ließen es in die Felshöhlung ab und ermittelten so, wohin das Wasser lief.

Um es auf den Punkt zu bringen: 1914, fast ein Jahrzehnt vor der Entdeckung Pharao Tutanchamuns, gelang den Kurnawis ein echter »Coup«. Später stellte sich heraus, dass es sich eigentlich um drei Schätze handelte, nämlich das Besitztum dreier Damen aus dem Umfeld von Pharao Thutmosis III., dem vielleicht größten König Kemets. Ihre Namen: Menhet, Menwi und Merti. Sie werden sonst nirgendwo erwähnt und waren bis zur Entdeckung durch die Kurnawis unbekannt. Sie können also schwerlich eine größere historische Rolle gespielt haben.

Um so erstaunlicher ist der Umfang ihrer Grabbeigaben und dessen Wert. Insgesamt umfasste der Hort 225 wunderschöne Einzelstücke. Die herausragendsten Objekte sind zweifellos zwei goldene Stirnreifen, einer davon besetzt mit meisterhaft filigran gearbeiteten Antilopenköpfen. Ferner wurden vergoldete Alabastertöpfe, dreißig Zehenhülsen – aus purem Gold versteht sich –, massive Goldringe, nicht einer, nicht zwei, sondern Dutzende entdeckt. Außerdem kamen Halskragen, Pektorale und sieben goldene Armbänder zum Vorschein.

Wie gesagt: Es scheint sich bei den drei Damen um keine besonders ranghohe oder dem König sehr nahestehende Personen gehandelt zu haben. Mit welchem Prunk müssen dann erst die engeren Mitglieder des Königshauses für ihr Dasein im Jenseits ausgestattet worden sein? Zum Beispiel Prinz Thutmosis, der ältere Bruder des Ketzers Achanjati. Wäre er nicht verstorben, das »Experiment Amarna« hätte mutmaßlich nie stattgefunden. Sogar im Grabe Tutanchamuns hat man eine Peitsche aus seiner Hinterlassenschaft gefunden. Ich denke aber auch an Echnatons Schwestern und, und, und …

Wo sind all diese Persönlichkeiten, allesamt Angehörige der Königsfamilie(n), geblieben? Wo sind ihre Gräber – und somit ihre Schätze?

Die faszinierende El Mahdy-Theorie

Erstmals gibt es zur Beantwortung dieser Fragen einen ganzheitlichen Ansatz der Ägyptologie – eine phantastisch klingende Theorie. Sollte sie allerdings zutreffen, könnte das der wissenschaftlichen Suche nach Königinnen, Prinzen und Prinzessinnen sowie Eltern, Schwiegereltern und Enkelkindern eine neue Dimension verleihen. »Da wir von keiner Königsgemahlin der 18. Dynastie ein Grab kennen«, erläutert Christine El Mahdy, Gründerin der »Egyptian Society«, die wissenschaftliche Vermutung, »könnte es sein, dass irgendwo in Ägypten noch ein ganzes bisher unbekanntes ›Tal der Königinnen‹ der Entdeckung harrt.«

Unwillkürlich fragt man sich, wo dieses zweite Tal der Königinnen zu finden sein könnte. Die wahrscheinlichste Region ist selbstverständlich die thebanische Gebirgskette. Allerding nur oberflächlich betrachtet. Für Profis kommt diese Gegend kaum als lukratives Suchareal in Frage. Ein ganzes Wadi mit vielleicht sechzig Gräbern zu übersehen, ist speziell in diesem Gebiet nur schwer vorstellbar. An keinem geographischen Punkt Ägyptens wurde bisher genauer gesucht als auf der West-Bank von Karnak. Wurde also für die Königinnen, Prinzen und Prinzessinnen der 18. Dynastie an gänzlich anderer Stelle ein zweites Biban el-Harim aus dem Fels geschlagen? Wir haben keinerlei konkreten Hinweis darauf – mit einer kleinen Ausnahme: Das sind gerade die fehlenden Gräber der Familienmitglieder des Herrscherhauses. Irgendwo müssen sie ja bestattet worden sein – inmitten all ihrer Kostbarkeiten.

Man muss sich die Konsequenz, die sich aus der eventuellen Stimmigkeit dieser Theorie ergibt, einmal durchdenken. Sollte tatsächlich noch ein zweites Tal der Königinnen in Kemet zu finden sein, so lässt sich unschwer voraussagen, dass es vielleicht Dutzende unberührter Gräber umfasst, die noch dazu aus Ägyptens glänzendster Periode stammen. Und hat man dann die Grabbeigaben von Menhet, Menwi und Merti vor Augen, so wird deutlich, welche Schätze dort noch warten. Schätze, die sogar jene Tutanchamuns an Wert und Schönheit übertreffen könnten. Auch deshalb, weil viele der wertvollsten Stücke aus dem Besitz des Knabenkönigs, darunter Juwelen, Geschmeide und Statuetten, geraubt wurden – allerdings nicht im Altertum!

Aber das ist wieder eine ganz andere Geschichte - eine Geschichte, an der auch Agatha Christie ihre Freude hätte ...

11
Der dritte Schatz von Highclere

Gibt es einen dritten Pharaonenschatz auf Highclere Castle? Zwei Horte sind bereits bekannt. Aber das Carnarvon-Schloss könnte noch ein weiteres Geheimnis bergen.

Wenn es stimmt, dass England das Mutterland des Motorsports ist, dann gebührt Lord Porchester sicherlich die Ehre der Vaterschaft. Der Brite war erst der Dritte im Vereinigten Königreich, der die Zulassung für ein Kraftfahrzeug erwarb.

Doch die Leidenschaft für das Automobil sollte letztlich nur Schicksal spielen für die zweite Passion des Aristokraten, das Sammeln von Antiquitäten. Und dafür würde Porchester buchstäblich Weltruhm ernten. Denn »Porchy«, wie ihn seine Freunde nannten, war kein geringerer als George Edward Stanhope Molyneux Herbert, der fünfte Earl of Carnarvon (siehe Bild 21) – einer der beiden Entdecker des unversehrten Grabes von Pharao Tutanchamun.

Lord Carnarvon residierte auf dem Stammsitz der Familie, Schloss Highclere (siehe Bild 22) bei Newbury, eines der schönsten Anwesen auf »der Insel«. Doch Carnarvons Leidenschaft beschränkte sich nicht allein auf das Besitzen der Kostbarkeiten. Er wollte sie vielmehr nach Möglichkeit auch selbst finden. Später schrieb er diesbezüglich: »Es war schon immer mein Wunsch und meine Absicht, mich als Ausgräber zu betätigen, das geht bis auf das Jahr 1889 zurück, aber aus diesem oder jenem Grund kam es nie dazu.«

Das sollte auch so bleiben. Bis 1901. Dann schlug das Schicksal bei Carnarvon zu – unvorhersehbar, unabänderlich. Binnen Sekunden veränderte sich das Leben des Lebemannes auf ziemlich brutale Art. Danach war nichts mehr so, wie es einmal war.

Der Bad-Schwalbach-Zwischenfall

Lord Carnarvon, zwischenzeitlich verheiratet, befand sich gerade auf einer Deutschland-Reise nach Bad Schwalbach im Taunus, um seine Gattin, Lady Almina, von ihrem dortigen Kuraufenthalt abzuholen. »Zwei Wagen mit Ochsengespannen versperrten plötzlich den Weg. In der Hoffnung vorbeizukommen, lenkte Carnarvon den Wagen abrupt an den Straßenrand. Aber er geriet dabei in einen Steinhaufen; zwei Reifen platzten, der Wagen überschlug sich und stürzte auf Carnarvon«, beschreibt Porchys Schwester, Lady Burghclere, das dramatische Geschehen.

Ob ein Schutzengel dafür verantwortlich zeichnete oder Tutanchamuns Geist, werden wir nie erfahren. Fest steht jedenfalls, dass der Earl den Unfall schwerverletzt überlebte. Was folgte, waren mehrere Operationen, was blieb, waren teilweise massive Atembeschwerden. Die Ärzte rieten ihm deshalb nachdrücklich, den nasskalten englischen Winter zu meiden. Seine Lordschaft war ein folgsamer Patient. Bereits 1903 verbrachte er erstmalig die frostige Jahreszeit in Ägypten – und begann mit wachsender Begeisterung Kemets Relikte zu sammeln.

Zwei Winter später hat die »Ägyptomanie« den Lord vollends gepackt. Es ist seine erste Saison als Ausgräber. Hoffnungsfroh macht er sich mit der von ihm ausgewählten Mannschaft ans Werk. Das Ergebnis ist ein archäologisches Fiasko. Carnarvons bedeutendster Fund (noch dazu mit weitem Abstand): eine mumifizierte Katze. Porchy muss erkennen, dass man mit Geld allein kaum Erfolge bei der Suche nach Aegyptica erzielen konnte. Ägyptens Schätze ließen sich nur mit viel Sachkompetenz und Geduld aufspüren. Beide Faktoren waren nicht wirklich herausragende Kennzeichen des einstigen Eton-Schülers. Stundenlang, tagelang, wochenlang im Staub zu stochern und unter der grellen Sonne zu schwitzen, das war sein Ding nicht. Fachkenntnisse konnte sich der intelligente Aristokrat zweifellos relativ rasch aneignen – nicht aber die zugehörige, unerlässliche Erfahrung. Kurz: Was Carnarvon fehlte, war ein Profi, ein absoluter Könner seines Faches.

Auf Empfehlung kam er mit Howard Carter (siehe Bild 23) zusammen und schnell wurden die beiden handelseins. Die Verbindung hielt bis zum Ableben des Lords. Was noch niemand ahnte: Das Duo wurde unstrittig das erfolgreichste Team, welches jemals Pharaonenschätzen nachjagte.

Die Artefakte-Sammlung des Lords vergrößerte sich kontinuierlich von Jahr zu Jahr. Besuchern auf Schloss Highclere und anlässlich von Gesellschaften präsentierte Porchy nur zu gerne seine jüngsten Exponate und erzählte dazu unterhaltend und humorvoll die Geschichte ihrer Entdeckung oder Erwerbung. Bereits eine Dekade nach seiner ersten Grabungskampagne dürfte Highclere eine der größten Privatsammlungen altägyptischer Antiken weltweit beherbergt haben.

Dann, im Dezember 1922 wurde das Grab Tutanchamuns offiziell geöffnet. Selbstverständlich »bedienten« sich der Mäzen und sein Ausgrabungsleiter mit einigen Kleinoden aus dem Inventar der Felsenanlage, wie erstmals 1978 der ehemalige Direktor des Metropolitan Museums, Thomas Hoving, publik machte und beweisen konnte. Wer wollte es den Ausgräbern verdenken? Nach allem, was wir wissen, waren darunter aber keine außergewöhnlich wertvollen Objekte oder gar schriftliche Dokumente, die entgegen den Erwartungen im Grab gänzlich fehlten. Wenn diese Objekte jemals in der Felsenanlage gewesen sein sollten, so waren sie, wie Howard Carter plausibel rekonstruierte, bereits im Altertum von Diebesbanden, die das Grab mehrfach heimsuchten, entwendet worden.

Der Tod des Lords – das Ende seiner Sammlung

Lange hatte der Lord ohnehin keine Gelegenheit sich an dem »Zeug«, wie er sich despektierlich auszudrücken pflegte, zu ergötzen. Am 6. April 1923, nur vier Monate nach Entdeckung des »goldenen Pharao«, verstarb er in Kairo an einer Insektenstich-Infektion.

Quasi zeitgleich mit der Bekanntgabe seines Todes verbreitete sich ebenfalls die Mär vom Fluch des Tutanchamun. Das Horror-Szenario verfehlte auch auf Schloss Highclere seine Wirkung nicht. So gestand Lord Henry, der 6. Earl of Carnarvon, später ein: »Ich glaube an den Fluch, und ich glaube nicht an den Fluch ...« Lady Almina, ohnehin dem Spiritismus zugetan, machte sich ernstliche Sorgen ob der tödlichen Wirksamkeit des Fluches.

In dieser düsteren Stimmung fand sich auf Highclere Castle wenig Begeisterung für Porchys wertvolle Sammlung. Man wollte die Kollektion möglichst schnell aus dem Haus haben.

Letztlich erwarb das Metropolitan Museum in New York 1926 die komplette Sammlung mitsamt den entwendeten Tutanchamun-Objekten für die damals stolze Summe von 145 000 Dollar. Nach dem Abtransport der Schätze fand sich »auf Highclere Castle«, wie der Autor Philipp Vandenberg in seinem Buch »Der vergessene Pharao« ausführt, »keine einzige Photographie, kein einziges Dokument und nicht ein Sammlerstück aus dem über zwanzigjährigen Ägyptenabenteuer.«

Er konnte nicht ahnen, als er diese Zeilen schrieb, wie sehr er sich irrte. Denn nicht einmal der Schlossherr selbst hatte die leiseste Vorstellung von den tatsächlichen Gegebenheiten.

Butler Roberts Geheimnis

Der Einzige, der es offensichtlich besser wusste, war der Butler des 6. Earls, Robert Taylor. Und der schwieg, denn auf Highclere Castle war es strikt verboten, über die Ausgräberleidenschaft des Vorgängers zu sprechen. Die Angst vor dem Fluch wirkte nach …

Erst als Lord Henry seinem Vater ins Jenseits folgte, kam die unglaubliche Wahrheit ans Tageslicht. Sein designierter Nachfolger, Lord Reginald, ließ im Vorfeld des zu erwartenden Todesfalles von Sotheby's eine Inventur des Schlossinventars vornehmen. Die Prozedur dauerte Wochen – Highclere verfügt über mehr als 100 Räume, viele davon angefüllt mit Kostbarkeiten wie Gemälden von van Dyke oder Canaletto.

Als sich die Kunstexperten verabschiedet hatten, atmete der Lord erleichtert auf. Endlich war man wieder unter sich, konnte wieder ein freies Wort reden. »Das war dann wohl alles?«, fragte Lord Reginald hoffnungsfroh den treuen Diener, der schon seit 1936 für die Carnarvons tätig war. »Yes, Mylord«, war die erfreuliche Antwort des betagten Mannes.

Lord Reginalds aufkeimende Freude wurde freilich jäh erstickt, denn Butler Robert machte einen kleinen, aber bedeutungsschweren Zusatz. »Alles, bis auf das ägyptische Zeug.« Der Earl fing an gereizt zu reagieren. »Erzählen Sie keinen Unsinn«, entgegnete er dem Butler, »bei uns gibt es kein ägyptisches Zeug mehr.«

Butler Robert überging den verärgerten Ton des Schlossherrn und antwortete mit reglosem Gesichtsausdruck: »Bitte mir folgen zu wollen, Mylord.« Gemessenen Schrittes führte der Butler seinen Arbeitgeber zum Raucherzimmer des Hauses. Wortlos schob er dort einen Tisch beiseite, der eine unbenutzte Verbindungstür zwischen Raucherzimmer und dem angrenzenden Empfangssalon verstellte. Robert Taylor öffnete die Tür und sperrte einen seitlich angebrachten, etwa 90 Zentimeter breiten Verschlag im Durchgang auf. Behutsam entnahm der Diener ein Zinngefäß, öffnete es und zog daraus eine altägyptische Perlenkette hervor, die er stoisch dem Earl wie einen soeben geangelten Fisch triumphierend vors Gesicht hielt. Lord Reginald rang um Fassung und stammelte erstaunt: »Good Lord!«

Robert indes hatte noch eine zweite Überraschung parat. »Davon«, setzte er den 7. Lord Carnarvon in Kenntnis, »gibt es noch viel mehr auf Highclere.« Jetzt verlor Reginald endgültig die Contenance …

Die Sensation: ein zweiter Highclere-Schatz!

In den folgenden Wochen stellte sich heraus, das Highclere entgegen der Annahme seiner Besitzer mit Aegyptica regelrecht kontaminiert war. So fanden sich altägyptische Pretiosen:

- in Geheimfächern,
- unter alten Aktenbergen,
- in Kleiderschränken,
- hinter Weinregalen und
- Heizungsrohren.

Insgesamt kamen bei der Schatzsuche über 300 Fundstücke aus der Pharaonenzeit zum Vorschein, darunter Vasen, Papyri, Uschebtis, Teller und Siegel. Aber auch Spangen, Mumienschmuck und eben Halsketten. Entgegen anderslautenden Behauptungen in Teilen der Medien fand sich jedoch nicht ein Objekt aus Tutanchamuns Gruft unter den Artefakten! Völlig ungeklärt ist, wer die Fundstücke im ganzen Schloss deponierte und wann – und vor allem: warum?

Alle drei Fragen sind bis heute unbeantwortet geblieben. Auch Robert Taylor, der verschwiegene Butler, konnte zur Aufklärung der Rätsel um den zweiten Highclere-Schatz keinen Beitrag leisten. Er selbst stieß erst 1972 zufällig auf das Geheimfach zwischen den beiden Salons, machte sich aber nach eigenem Bekunden keine weiteren Gedanken darüber. Allerdings: Taylor hat, wie er ja seiner Lordschaft persönlich bestätigte, im Laufe der Zeit mehrere Objekte gefunden. Und trotzdem informierte der gewissenhafte und strebsame Gehilfe nicht seinen Arbeitgeber über die Fundstücke. So etwas soll gelegentlich schon vorgekommen sein – sehr wahrscheinlich ist es freilich nicht ...

Und noch etwas fällt auf: Die völlig inakzeptable, unsachgemäße Lagerung. Ich wage die Behauptung: Ohne dringenden Grund hätte Porchy einer derart diletantischen Deponierung unter gar keinen Umständen zugestimmt. Aber hat der 5. Earl überhaupt die Anweisung für die Unterbringung an den unmöglichsten Stellen erteilt? Wusste er überhaupt davon, oder war er bereits verblichen, als die Verstauung erfolgte?

Eine Möglichkeit wäre, dass die Artefakte illegal ausgeführt wurden. Tatsächlich hat die ägyptische Regierung den zweiten Highclere-Schatz nach Bekanntwerden seiner Existenz prompt zurückgefordert. Ein Sprecher des ägyptischen Kultusministeriums meinte dazu bereits Anfang März 1988: »Die Schätze haben das Land illegal verlassen.«

Das sieht man auf Schloss Highclere völlig anders. »Die Unterlagen zeigen, dass die Stücke rechtmäßig und mit Kenntnis der britischen Regierung nach England gebracht worden sind«, wehrt sich Lord Reginald. Im Zweifelsfall sollte er bei einer gerichtlichen Auseinandersetzung Recht bekommen, denn zum Zeitpunkt der Ausfuhr der Objekte stand das Nilland unter britischer Verwaltung.

Wir sehen: Der zweite Highclere-Schatz besteht nicht nur aus einer Vielzahl wertvoller Pretiosen, sondern auch aus einem ganzen Bündel an Rätseln und ungeklärten Fragen. Sie zu lösen bzw. zu beantworten, wäre mindestens so spannend wie die Suche nach dem zweiten Highclere-Schatz. Vielleicht ließe sich dann auch die Frage klären:

Existiert ein dritter Hort auf Highclere?

Es geht um eine Kollektion, deren Verbleib bis heute im Dunkeln liegt. Aber folgt man einer kaum beachteten ägyptologischen Theorie, so führt die Spur unter anderem nach Highclere Castle.

Worum geht es? Ich habe es oben schon beiläufig erwähnt: Howard Carter zufolge war Tutanchamuns Grab bei seiner Entdeckung Ende 1922 nicht völlig unversehrt. Mindestens zweimal wurde die Syringe im Altertum leider doch von Grabschändern heimgesucht und bei dieser Gelegenheit auch einige der wertvollsten Objekte des ganzen Grabes entwendet. Hierzu ein Beispiel aus dem 1. Band seines vorläufigen Grabungsberichts. Carter wörtlich: »Von einem sehr wertvollen Gegenstand wissen wir allerdings, daß sie (die Plünderer/Anm. d. Verf.) sich ihn aneigneten. In dem kleinen goldenen Schrein befindet sich ein Fußgestell für eine Statuette aus vergoldetem Holz mit dem noch vorhandenen Abdruck der Füße. Die Statuette selbst ist verschwunden, und es besteht kaum ein Zweifel, daß sie aus massivem Gold … war.«

Howard Carters Ausführungen und Schlussfolgerungen zeigen seine ganze Fachkompetenz. Es ist geradezu erstaunlich, wie logisch er die einzelnen Puzzlesteine zusammenfügt und daraus eine Lügengeschichte konstruiert, die jener des Barons Münchhausen in nichts nachsteht. Denn im Grab sind in Wahrheit zu keinem Zeitpunkt Räuber gewesen. So lautet jedenfalls das Ergebnis einer wissenschaftlichen Studie des Berliner Ägyptologen Rolf Krauss.

Der sensationelle Krauss-Report

Selbst in Fachkreisen ist der Aufsatz relativ unbekannt. Das mindert jedoch nicht seine Brisanz. Unter dem nüchternen Titel »Zum archäologischen Befund im thebanischen Königsgrab Nr. 62« weist Krauss unter anderem schlüssig nach, dass

- Fußabdrücke im Grab Absätze zeigen, also modernen und nicht altägyptischen Ursprungs sind.
- Goldringe, die in ein Kopftuch gewickelt waren, nicht von antiken Räubern eingefasst worden sind – die alten Ägypter kannten keinen Turban. Das Kopftuch war aber genauso geknotet wie ein Fellachen-Turban.
- ein angeblich aus späterer Zeit stammendes Graffito einer Inspektion von Carter falsch übersetzt wurde.

In dieser Art und Weise widerlegt Krauss stichhaltig praktisch sämtliche Angaben des Ausgräbers, die – vorgeblich – für antike Einbrüche sprechen.

Doch worin bestand Carters Motiv, dieses Lügengeflecht zu konstruieren? Ein Grund war sicherlich der Inhalt der von den ägyptischen Behörden gewährten Konzession. Gemäß dieser Vereinbarung sollte es lediglich dann zu einer Fundteilung kommen, wenn das Grab bereits im Altertum geschändet worden war, also nicht unversehrt die Jahrtausende überdauert hatte. Der Entdecker musste folglich glaubhaft den Eindruck erzeugen, dass bereits vor ihm Grabräuber die Ruhestätte aufgebrochen hatten. In der Vergangenheit war dies meist der einzige Grund, der als Argument für Carters (und Carnarvons) Handeln ins Feld geführt wurde.

Seit der Entdeckung des zweiten Highclere-Schatzes allerdings gibt es noch eine weitere Möglichkeit für das Alibikonstrukt der beiden Gentlemen, nämlich Diebstahl – und zwar in großem Stil.

Erinnern wir uns an den Fall der Statuette aus purem Gold: Akzeptiert man die Krauss-Studie – und der Autor tut das –, dann kann kein altägyptischer Räuber den nach Carters eigener Einschätzung »sehr wertvollen Gegenstand« in seinen Besitz gebracht haben. Das bedeutet aber im Umkehrschluss, dass, falls die Statuette jemals vorhanden gewesen ist, sie mit hoher Wahrscheinlichkeit von einem Mitglied des Grabungsteams entwendet wurde. Und die goldene Statuette ist lediglich ein Beispiel.

Entlarvende Verzeichnisse

Wir können aber davon ausgehen, dass noch weitaus mehr Fundstücke dem Grab nach seiner Entdeckung illegal entnommen wurden, als durch Thomas Hoving und andere öffentlich wurde. »Denn«, schreibt Carter selbst, »auf mehreren Deckeln waren saubere kleine Aufschriften, die genau angaben, woraus der Inhalt bestehen sollte. Aber nur in einem Fall stand die Aufschrift einigermaßen im Verhältnis zu dem wirklich vorhandenen Inhalt« (siehe Bild 24).

Selbstverständlich können den antiken Beamten bei der Katalogisierung Fehler unterlaufen sein. Man kann also aus dem Nichtvorhandensein von aufgelisteten Stücken nicht automatisch schlussfolgern, dass sich die betreffenden Objekte tatsächlich im Grab befanden und dort Beute der Ausgräber wurden. Aber dass praktisch in keinem Fall der Inhalt mit dem Register übereinstimmt, halte ich doch für genauso unwahrscheinlich. Immerhin gehörten die mit dem Verzeichnis beauftragten Schreiber entweder zum Hofstaat oder zu den Nekropolen-Offizianten. In beiden Fällen muss es sich somit um einen Personenkreis gehandelt haben, der sich durch äußerste Gewissenhaftigkeit und Sorgfalt auszeichnete. Und da keine Grabräuber vorhanden waren, wie Rolf Krauss rekonstruiert hat, kann das Fehlen kostbarer Stücke nur diesem Personenkreis unterstellt werden – oder aber eben die Ausgräber müssen sich kräftig bedient haben. Aufgrund der Carter und Carnarvon bereits nachgewiesenen »Entnahmen« hat dieser Verdacht einen sehr hohen Wahrscheinlichkeitsgrad.

Doch wo sind all diese Artefakte geblieben? Wer hätte die Existenz eines zweiten Highclere-Schatzes auch nur im Entferntesten für möglich gehalten? Einzig Butler Robert, der Verschwiegene, wusste teilweise um die Wahrheit. Ist es da gänzlich verkehrt zu spekulieren, ob nicht in einem unentdeckten Geheimzimmer des Schlosses wertvolles Geschmeide aus altägyptischer Produktion auf seinen neuerlichen Finder wartet?

Vielleicht sollte unser imaginärer «Ägyptiv« mit seinen Ermittlungen bei Butler Roberts Vorgängern beginnen. Soweit mir bekannt, hat deren Papiere und Unterlagen noch kein Chronist der Tutanchamun-Bergung je mit berücksichtigt. Das könnte sich als Fehler erweisen.

Aber selbstverständlich gibt es noch einige andere Szenarien, wo sich die entwendeten Pretiosen befinden können. Eines der unglaubwürdigsten verbreitete dereinst der alte Achmed aus Kurna. »Sie wissen doch«, begann der pfiffige

Kurnawi meist seine Erzählung einleitend, »wer Howard Carter war?« Und welcher an Pharaonenschätzen interessierten Person wäre sein Name kein Begriff? Damit hatte Achmed das Interesse seiner Zuhörerschaft schon gewonnen (und sich ein paar ägyptische Pfund als Honorar gesichert). Die schlagartig hergestellte Aufmerksamkeit seines Auditoriums nutzend, fuhr er fort: »Nachdem der Engländer das Grab von Tutanchamun geöffnet hatte, wurden viele Schätze daraus auf seine Weisung hin entnommen. Heimlich schaffte man sie in die angrenzenden thebanischen Berge und ließ sie dort an einem geheimen Ort vergraben. Nur ein Wächter, einer der engsten Vertrauten Carters, kannte den verborgenen Platz, den er zur Sicherheit markierte, um ihn später zweifelsfrei wieder finden zu können.« Und nach einer mehrere Sekunden andauernden, spannungserzeugenden Pause erzählte Achmed weiter: »Doch dann kam einer jener seltenen, dafür aber um so heftigeren Wolkenbrüche und spülte sämtliche Markierungen weg. Die Folge war fatal: Carters Wächter konnte trotz aller nur erdenklichen Bemühungen den Platz nie wieder ausfindig machen.« Achmed inhalierte langsam, aber tief den Rauch seiner Zigarette und bereitete so den Höhepunkt seiner Geschichte vor. »Ich aber«, sagte er dann mit gesenkter Stimme, »kenne ihn. Einige Leute aus meiner Familie haben die Stelle gefunden. Aber wir können den Schatz nicht heben, weil in der Gegend überall Polizei unterwegs ist.«

Letzteres ist freilich selten der Fall. In die sengende Hitze der Wadis auf Thebens West-Bank verirrt sich kaum eine Patrouille der Gesetzeshüter. Es gäbe noch eine Vielzahl von Argumenten, die gegen die Stimmigkeit von Achmeds Geschichte sprechen. Doch die Kurnawis sind findige Leute. Oft haben ihre Erzählungen nur den einen Sinn, von der Wahrheit abzulenken. Der Hintergrund ist einfach. Die Kurnawis wollen in ungestörter Ruhe den Schätzen ihrer Ahnen nachspüren.

Wollte das auch abd el-Rassul, als er dem Italiener Belzoni riet, seine Ausschachtungen im Grab des Pharao Sethos I. abzubrechen? Aber halt! Das ist ja wieder eine ganz andere Geschichte ... und sie handelt vom vielleicht größten aller Pharaonenschätze, die noch zu finden sind. Und das Verrückte an der Sache ist, dass vielleicht schon zigtausende Touristen achtlos in einigen Metern Entfernung an dem Hort vorbeispazierten. Zählen Sie auch dazu?

12
Das »Oak Island der Ägyptologie«

Der märchenhafte Sethos-Hort
wartet auf seine Entdecker
am Ende von »Passage K« –
vielleicht ...

Giovanni Battista Belzoni war ein Bär von einem Mann (siehe Bild 27). 1778 im italienischen Padua geboren, tingelte er als Gewichtheber durch halb Europa. Der Zwei-Meter-Hüne konnte problemlos acht Männer, die sich an eine schwere Eisenstange klammerten, über den Kopf in die Höhe stemmen.

Von Beruf war er eigentlich Wasserbauingenieur. Zumindest gab er das vor. Doch interessiert hat ihn dieses Metier kaum – bis er 1815 erfuhr, dass die ägyptische Regierung auf der Suche nach neuen, wirklich revolutionären Bewässerungstechniken war. Giovanni Battista konstruierte eine entsprechende Anlage und reiste voller Hoffnung nach Ägypten.

Die Vorführung seiner Maschine geriet zum völligen Desaster. Die Apparatur war viel zu gefährlich und wurde von dem Gutachtergremium rundweg abgelehnt.

Aber Belzoni war Schicksalsschläge gewöhnt. Er blies nicht lange Trübsal, sondern suchte sich umgehend ein neues Betätigungsfeld. Dabei lernte er den britischen Konsul in Ägypten, Henry Salt, kennen. Der Politiker erkannte Belzonis Vielseitigkeit und beauftragte den in Padua geborenen Italiener mit einer heiklen Mission: dem Transport des Kopfes einer Kolossalstatue aus der Pharaonenzeit von Theben nach Alexandria. So kam Giovanni Belzoni erstmals mit der altägyptischen Kultur und ihren reichhaltigen Schätzen in Berührung.

Aus der Berührung wurde eine Umklammerung. Die antike Historie des Nillandes ließ den Italiener nicht mehr los. Und so begann Belzoni selbst nach Relikten dieser längst vergangenen Zivilisation zu graben.

Jetzt, am 16. Oktober 1817, steht er vor der größten Entdeckung seines Lebens. Er arbeitet zu diesem Zeitpunkt im schon damals legendenreichen Tal der Könige, jener Senke der thebanischen Gebirgskette, in der die Ägypter zahlreiche Pharaonen aus dem »Neuen Reich« (ca. 1550–1070 v. Chr.) bestatteten. Schon in den letzten Tagen und Wochen hatte Belzoni mehrfach Erfolg gehabt und einige Königsgräber in dem unwirtlichen Wadi aufgespürt. Doch was er nunmehr der Vergessenheit entreißen sollte, stellte alles, was bisher an Ruhestätten entdeckt wurde, in punkto Pracht und Größe weit in den Schatten. Aber lassen wir Belzoni selbst berichten:

»Ich ließ«, schrieb er später, »die Erde am Fuße eines steilen Berges abräumen, genau unter einem Sturzbach, aus dem sich, wenn es in der Wüste regnet, eine Flutwelle genau auf die Stelle ergießt, an der ich graben ließ. ... Niemand konnte glauben, daß die alten Ägypter den Eingang zu einem derart gigantischen, beispiellosen Grabmal unter einem Wasserfall anlegen würden ...«

Aber Belzoni hatte die richtige Intuition. Fünf Meter unter der Erdoberfläche fand seine Grabungsmannschaft den Eingang zu einem weiteren Mausoleum. »An den Deckenmalereien«, so der Italiener weiter, »und den Hieroglyphen in versenktem Relief, die überall dort zu sehen waren, wo nicht Geröll die Wände bedeckte, erkannte ich sofort, daß dies der Eingang zu einem großen und prachtvollen Grab war.«

Giovanni Belzoni konnte nicht ahnen, dass er das Grab von Pharao Sethos I. (ca. 1290–1279 v. Chr.) entdeckt hatte – die Hieroglyphen waren noch nicht entziffert. Aber mit seiner Einschätzung »einer großen und prachtvollen« Ruhestätte lag er völlig richtig.

Sethos' Grabmal, heute von den Archäologen als KV 17 (Kings Valley Number 17/Tal der Könige, Registratur-Nummer 17) bezeichnet, zählt zu den geräumigsten und schönsten in ganz Ägypten – und zu den rätselhaftesten. Aber der Reihe nach: Der gesamte Totenkomplex ist fast einhundert Meter lang und zählt nicht weniger als 17 verschiedene Gänge, Treppen, Rampen, Kammern und Pfeilerhallen, die mit kunstvollen Wand- und Deckenmalereien in leuchtenden Farben geschmückt sind (siehe Bild 25).

Am Ende des Grabes, in der Sargkammer, entdeckte Belzoni einen herrlichen, matt gelblich schimmernden Alabastersarkophag. So sehr der dekorierte, aber leider leere Monolith den Paduesen auch faszinierte, schlug ihn doch alsbald eine andere Stelle der Totenkammer in seinen Bann – eine Stelle, die ein bis heute ungelöstes Rätsel birgt.

Ein Geheimgang hinter dem Sarkophag

Giovanni Belzoni schrieb darüber: »Der Sarkophag steht am oberen Ende einer Treppe in der Mitte der Halle. Diese ist mit einem unterirdischen Gang verbunden.«

In keinem anderen Grab im Tal der Könige hat man jemals einen vergleichbaren Korridor entdeckt. Wohin führt der Schacht? Zu welchem Zweck wurde er unter unsäglichen Mühen aus dem Fels geschlagen? Fragen, auf die Giovanni Belzoni natürlich eine Antwort finden wollte.

Und Giovanni war ein Mann der Tat. Wie ein Besessener machte er sich an den Aushub des Tunnels. Zuerst wurden die vor dem Schacht befindlichen Sperrsteine mühsam abgetragen. Danach führte der Gang recht abschüssig in die Tiefe. »Am Ende dieses Abschnitts«, hielt Belzoni in seinen Aufzeichnungen fest, »fanden wir große Mengen Fledermauskot … Außerdem war der Schacht auf seiner ganzen Länge mit von der Decke herabgefallenem Schutt übersät.«

Nicht alle Mitglieder des Grabungsteams teilten jedoch Belzonis Enthusiasmus. Abd el-Rassul, ein in Sachen Grabräuberei nicht unerfahrener Fellache aus dem kleinen Dorf Kurna, schätzte die Erfolgsaussichten der Grabung recht skeptisch ein. Immer wieder sagte er seinem Chef: »Da gibt es nichts zu finden.«

Doch Belzoni hörte nicht auf den kundigen Mann. Etwa dreißig Meter vom Eingang entfernt stieß er auf eine gut erhaltene Treppe. »Aber das Gestein darunter«, vermerkte Belzoni, »ändert sich in seiner Beschaffenheit; es geht in eine Art schwarzen, morschen Schiefer über, der bereits bei bloßer Berührung zerfällt.« Und wieder riet Rassul zum Abbruch der fruchtlosen – und jetzt auch zunehmend gefährlichen – Schufterei.

Doch auch das konnte Belzonis Tatendrang nicht bremsen. Auf vierzig Meter Länge grub er sich vor, dann auf fünfzig Meter. Schließlich wurde sogar die Sechzig-Meter-Marke erreicht – und noch immer war kein Ende des Korridors in Sicht.

Während seine Mannschaft weitergrub, führte Belzoni selbst Positionsmessungen aus. Er notierte: »Die unterirdische Passage verläuft in südwestlicher Richtung. Ich habe die Entfernung vom Eingang und auch das felsige Gelände darüber vermessen und dabei herausgefunden, daß sich der Schacht fast durch den halben Berg bis zum oberen Teil des Tals hinzieht. Ich habe Grund zu der Annahme, dass dieser Gang angelegt wurde, um durch einen anderen Eingang in die Gruft zu gelangen. Aber das konnte nicht nach dem Tod des Menschen, der hier begraben war, geschehen sein, denn am Fuß der Treppe, gleich unter dem Sarkophag, wurde eine Mauer errichtet, welche die Verbindung zwischen dem Grab und dem unterirdischen Schacht unterbrach.«

Doch wozu sollte ein (eventueller) zweiter Eingang dienen? Giovanni Battista Belzoni sollte es nie erfahren. Der

Schacht gab sein Geheimnis nicht preis. Nachdem er den Gang auf einer Länge von über 90 Metern freigelegt hatte, folgte der stolze Italiener zähneknirschend dem Rat seines erfahrenen Mitarbeiters Rassul und gab entnervt auf. Verärgert über seinen eigenen Starrsinn mag sich Belzoni gedacht haben: »Hätte ich bloß eher auf den kenntnisreichen Fellachen gehört.«

Die Entdeckung der Sethos-Gruft sorgte in Europa für ähnlich große Schlagzeilen wie rund hundert Jahre später die Auffindung des Tutanchamun-Grabes am gleichen Ort. Und da in Ägypten damals (wie heute) Geheimnisse schnell die Runde machten, verbreitete sich auch rasch die Kunde von dem mysteriösen Schacht – was freilich nicht ohne Folgen blieb. Glücksritter, Forscher und Archäologen machten sich in den kommenden Jahren auf dem Weg, um das Geheimnis des Ganges zu ergründen.

Einer der ersten war der Engländer John Gardner Wilkinson, der die thebanische Region ab 1821 mehrmals bereiste und bei dieser Gelegenheit das Terrain genauestens kartographierte. 1843 inspizierte er die »geneigte Ebene, die mit einer Treppe zu beiden Seiten in den Fels hinabführt«. Aber bereits nachdem er lediglich 45 Meter weit vorgedrungen war, musste er seine Inspektion enttäuscht beenden. Herabgefallenes Deckengestein blockierte die Passage und machte ein tieferes Vordringen ohne extrem hohen Arbeitsaufwand unmöglich.

1903 trat sogar der spätere Tutanchamun-Entdecker Howard Carter auf den Plan. Carter grub zu diesem Zeitpunkt für den amerikanischen Kupfermagnaten Theodore Davis und konnte bereits auf einige Erfolge verweisen. Auch der Brite hielt den »Belzoni-Schacht«, wie der Tunnel allgemein genannt wurde, für ein lohnendes Grabungsobjekt. Doch noch war Fortuna dem Briten nicht hold. Wie schon zuvor

Belzoni konnte auch Howard Carter das Rätsel des Ganges nicht ergründen.

Danach wurde es still um den Schacht. Lediglich die Nachfahren abd el-Rassuls besichtigten – wenn sie nicht gerade mit Mumienfledderei beschäftigt waren – in unregelmäßigen Abständen das Sethos-Grab ...

Das Geheimnis des Rassul-Clans

Und das hatte seinen guten Grund! Belzoni-Helfer abd el-Rassul hatte seiner Sippschaft nämlich ein Geheimnis anvertraut. Ein Geheimnis, das generationenlang streng gehütet wurde. Erst Urenkel Ali (siehe Bild 26) hielt Mitte des zwanzigsten Jahrhunderts die Zeit für gekommen, das verborgene Wissen seines Clans preiszugeben – und zwar ausgerechnet der ägyptischen Altertümerverwaltung SCA in Kairo. Scheich Ali wusste wahrlich höchst Interessantes zu erzählen: »Dort in dem Schacht«, zitierte er aus vergilbten Papieren seines Urgroßvaters, »ruht der Schatz von König Sethos I.« Ali weiter: »Dies und die genaue Lage hat mir mein Vater vor seinem Tode anvertraut.«

Abd el-Rassul hatte Belzoni also an der Nase herumgeführt, um ihn von der Weitersuche abzuhalten. Warum aber verriet Urenkel Ali den Fundort des Schatzes? Der Grund war ebenso simpel wie einleuchtend. Die Rassuls hatten keine Gelegenheit, ihr exklusives Wissen zu verwerten. Fast ganzjährig wurde das einzigartige Felsengrab von schaulustigen Touristen besucht. Außerdem wachte die Antikenbehörde mit Argusaugen über das Tal der Könige. Wie sollte man da als ehrbarer Grabräuber eine illegale Schatzbergung durchführen? Die Situation der Rassuls glich tatsächlich der des Fuchses, für den die süßen Trauben zu hoch hängen.

Der schlitzohrige Ali entschloss sich deshalb zu einem in der Geschichte der Ägyptologie einmaligen Schritt: Der berühmt-berüchtigte Antikenjäger beantragte in Kairo eine offizielle Grabungskonzession für den Belzoni-Schacht. Und was niemand für möglich gehalten hätte: Ali erhielt die Lizenz! Wie der listige Kurnawi den Deal erwirkte, darüber schweigen sich beide Vertragsseiten bis auf den heutigen Tag beharrlich aus – Diskretion ist in diesem Gewerbe schließlich Ehrensache!

Voller Tatendrang kehrte Ali in sein kleines Dorf auf der thebanischen West-Bank zurück. Er träumte davon, es seinen Vorfahren gleichzutun, die in der zweiten Hälfte des 19. Jahrhunderts eine Cachette, ein wertvolles Mumiendepot, aufgespürt hatten (siehe Kapitel 15, »Wo ist die ›letzte Cachette‹?«). In einem der Särge fand sich seinerzeit die eindrucksvolle Mumie von Pharao Sethos I. Ali beabsichtigte nun, den Hort dieses großen Herrschers zu heben.

»Clondike-Stimmung« im Tal der Könige

In Biban el-Moluk, wie das Tal der Könige auf Arabisch heißt, machte sich so etwas wie »Clondike-Stimmung« breit, als Ali in Begleitung von Chefinspektor abd el-Hafez von der Altertümerverwaltung und einer handverlesenen Arbeitermannschaft (von denen die meisten selbstverständlich dem Rassul-Clan angehörten) in das Grab von Sethos I. (siehe Bild 12) einstieg. Es war Oktober 1960 – und die Erwartungen waren groß.

In der Sargkammer stand Scheich Ali, seine ererbten Grabungsunterlagen stets griffbereit, an der Treppe zum Belzoni-Schacht und überwachte mit konzentriertem Blick den Fortgang der Arbeiten. Und die fanden unter schlichtweg unmenschlichen Bedingungen statt. Bis auf 65 Grad Celsius kletterte das Thermometer, während die Kurnawis einen 1,50 Meter breiten Stollen anlegten. Trotz der Hitzequalen erreichte man zügig das Niveau von Belzonis Vorstoß.

Ab da stieß die Mannschaft in unbekanntes Terrain vor. Unter unsäglichen Strapazen legte sie Meter für Meter der Passage – die Ägyptologen bezeichnen sie als »Passage K« – weiter frei, bis die Arbeiten jäh unterbrochen werden mussten. Akuter Sauerstoffmangel hatte einige Männer bewusstlos zusammenbrechen lassen. Nur durch rasche Verbringung an die Oberfläche konnten sie vor dem Tode bewahrt werden. Daraufhin ließ Inspektor Hafez einen Kompressor installieren, der – unter ohrenbetäubendem Lärm – für Frischluftzufuhr sorgte. Dennoch blieb die Arbeit eine Tortur.

Dadurch hinkte Ali seinem Zeitplan bedenklich hinterher. Jeder Tag kostete Geld. Geld, das allmählich knapp wurde. Aber aufgeben wollte er nicht. Der Scheich war so überzeugt vom Erfolg seiner Grabung, dass er sich sogar mit einer nicht unerheblichen Summe an den Kosten des Projekts beteiligte.

»Eine Tür! Eine Tür!«

Zwar langsam, aber stetig kam man voran. Längst hatte man die Hundert-Meter-Marke hinter sich gelassen. Damit stand fest, dass der Tunnel länger war als das gesamte Sethos-Grab. Plötzlich herrschte helle Aufregung unter der Mannschaft.

»Eine Tür! Eine Tür!«, hallte es aus der Tiefe des Stollens. Ali stockte der Atem. War das endlich der Eingang zur herbeigesehnten Schatzkammer?

Die anfängliche Spannung legte sich alsbald wieder. Zwar waren die Arbeiter tatsächlich auf die Überreste einer Tür gestoßen, doch dahinter wartete nicht der unermessliche Pharaonenhort, sondern erneut nur Schutt und Gestein. Trotzdem gingen die Arbeiten unverdrossen weiter. Die Treppen, die Rampe, die Türüberreste, all dies waren eindeutige Beweise dafür, dass der Schacht ein geplanter, sorgfältig ausgeführter Teil der Grabanlage war.

Und als ob es noch eines weiteren Beweises bedurft hätte, stieß das Team nach 136 Metern überraschend auf einen behauenen Steinblock, der von drei Quadersteinen gestützt wurde. Experte Hafez stutzte – in gleicher Weise hatten bereits die Pyramidenbauer-Generationen die Zugänge zu den Grabkammern der Pharaonen versperrt! Das allerdings lag zu Sethos' Lebzeiten bereits 1000 Jahre zurück! Und jetzt plötzlich ein gleichartiges Konstrukt. Hafez und Ali waren einer Meinung: Bald müsste die Passage ihr Geheimnis offenbaren. Das war nicht nur eine bloße Vermutung. Berechnungen hatten ergeben, dass man nur noch etwa vier Meter vom Grundwasserspiegel des Nils entfernt war.

Was sich tatsächlich auf der anderen Seite der Steinblockade verbirgt, ist bis heute unbekannt. Denn zeitgleich mit der neuerlichen Entdeckung endete die Kampagne abrupt. Das Budget war restlos aufgebraucht und die Regierung war nicht bereit, noch mehr Geld in das unkalkulierbare Unternehmen zu investieren. Angeblich, so hält sich hartnäckig das Gerücht, erteilte Ägyptens damaliger Staatschef, Präsident Gamal Nasser, persönlich die Weisung, die Grabung sofort einzustellen.

Doch warum? Was kann sich hinter dem Korridor, der »Passage K«, verbergen? Mit Sicherheit kein zweiter Grabzugang, wie Giovanni Belzoni vermutete. Das würde nämlich nicht nur der architektonischen Tradition ägyptischer Königsgräber widersprechen. Ein zweiter Grabeingang hätte auch die Sicherheit des Grabes – und somit den Schutz der Mumie – massiv gemindert. Außerdem: Wozu sollte ein zweiter Eingang dienlich sein?

Und was sagen die Experten dazu? Die Ägyptologen sind sich uneins. So glaubte die Altertumsforscherin Elizabeth Thomas, der Schacht stelle lediglich eine erweiterte Form kleiner Seitenkammern des Sargraumes dar, wie sie in den Gräbern von Biban el-Moluk häufig anzutreffen sind. Kent R. Weeks, der bekannte Ausgräber des riesigen Grabkomplexes der Söhne von Ramses II., kann sich für Thomas' Theorie nicht erwärmen. »Ich bezweifle das«, äußerte er skeptisch. Der Amerikaner nimmt vielmehr an, der Aushub der »Passage K« durch die alten Ägypter hätte – wie so oft – rein religiöse Hintergründe und Motive gehabt. Demnach sollte »K« die Grabkammer von Sethos I. mit dem Ur-Ozean Nun verbinden. »Diese Verbindung«, so Weeks, »muss als Symbol für die Entstehung der Welt und zugleich für die Wiedergeburt des Pharao verstanden werden.«

Mysteriöser als der »Gantenbrink-Schacht«

Mythologisch betrachtet, könnte Weeks durchaus Recht haben. Aber dazu hätte es ein Mini-Tunnel von den Ausmaßen des »Gantenbrink-Schachtes« in der Cheops-Pyramide auch getan (siehe Kapitel 6, »Der Cheops-Skandal«).

Der »Gantenbrink-Schacht« wird so nach dem deutschen Ingenieur Rudolf Gantenbrink benannt. Mittels eines von ihm konstruierten und gesteuerten Klein-Roboters wurde 1993 erstmalig ein von der Königin-Kammer der Cheops-Pyramide steil nach oben führender Kanal erkundet. Dabei stieß er nach knapp siebzig Metern auf einen Verschluss-Stein, der erst 2002 durchbohrt wurde und hinter dem eine zweite Steinblockade zum Vorschein kam. Seither blühen die Spekulationen, was sich hinter dem zweiten Stein wohl finden wird.

Nur 20 x 20 Zentimeter misst die quadratische Öffnung. Das nimmt sich im Vergleich zum Sethos-Schacht geradezu bescheiden aus! Mit bis jetzt gemessenen 136 Metern ist »K« gut doppelt so lang. Die Tunnelhöhe erreicht bis zu vier Meter, die Breite stellenweise geräumige drei Meter. Hinzu kommt: Behauene Wände, Seitentreppen, Steinblockaden und abschüssige Rampen weisen auf eine große Bedeutung des Tunnels hin. Zumindest bestand ursprünglich bei der Konzeption der Passage die Absicht, durch diesen Gang voluminösere Gegenstände zu transportieren. Aber welche – und wohin und wozu? Warten tatsächlich Gold und Juwelen am Ende von »K« auf ihren Finder? Auszuschließen ist das nicht. Aber warum hat dann Präsident Nasser trotz dieser verlockenden Aussicht die Grabung kurz vor dem Ziel (angeblich) einstellen lassen?

Oder ist der Belzoni-Schacht lediglich Teil eines Scheingrabes von Sethos I.? Wohl kaum, denn ein Kenotaph nutzt nur dann etwas, wenn es dem eigentlichen Grab vorgelagert ist oder von seinem wahren Eingang ablenkt. Bei Sethos' Grab befindet sich die »Passage K« jedoch am vermeintlichen Ende des Grabkomplexes und taugt somit als Scheingrab herzlich wenig. Außerdem hatte Pharao Sethos bereits ein prächtiges Kenotaph. In Abydos, ca. 150 Kilometer nördlich vom Tal der Könige, hatte er zu diesem Zweck das gigantisch dimensionierte »Osireion« errichten lassen. Nein, die Sache mit dem Scheingrab ergibt keinen Sinn.

Welche Überraschung Sethos auch immer für uns bereithalten mag, es wird allmählich Zeit, dass dem Belzoni-Schacht endlich sein Geheimnis entlockt wird. Und die Chancen dafür, dass dies in naher Zukunft geschehen wird, stehen gar nicht so schlecht – denn in KV 17 wird wieder geforscht!

Die Suche wird wieder aufgenommen!

Es ist nicht wie in Ali Rassuls großen Tagen. Sie kommen nicht lärmend, nicht mit Schaufeln und Körben. Von »Clondike-Atmosphäre« keine Spur. Doktor Robert Cribbs, ein amerikanischer Ingenieur, und seine Mannschaft (fast ausnahmslos ägyptische Techniker und Archäologen der Altertümer-Verwaltung) sind stattdessen mit modernstem Equipment ausgerüstet. Immerhin schreiben wir das Jahr 2001 und Scheich Ali, der König der West-Bank, ist längst verstorben. Ebenso Präsident Nasser. Das Spiel kann also von vorne beginnen. Diesmal heißt es »Pharao Sethos versus Dr. Cribbs«.

Der Ingenieur ist einer der führenden Experten auf dem Gebiet der Radartechnik. Für die Suche in KV 17 hat er eigens ein spezielles Gerät entwickelt. Damit will Cribbs das gesamte Grab auf geheime Kammern und eingemauerte Objekte abtasten. Doch warum das ganze Grab? Robert Cribbs unterschätzt den listenreichen Sethos nicht. Mehr noch: Er traut ihm alles zu! Auch, dass der Belzoni-Schacht lediglich einen ins Nichts führenden »toten« Stollen darstellt, während eine andere Passage hinter verputzten und bemalten Wänden noch den wahren Zugang zum Sethos-Hort verbergen könnte. Aber trotz gewissenhafter Vorbereitung – der »Sethos-Fluch« ist stärker als die Cribbs'sche Hightech. Ständig meldet der Computer fehlerhafte Daten des Boden-Ortungsgeräts. So schnell lässt sich ein Sethos seine Geheimnisse eben nicht entreißen!

Cribbs weiß jetzt, wie sich 1968 Nobelpreisträger Luis Alvarez gefühlt haben muss, als der sich daran versuchte, noch unentdeckte Kammern in der Chefren-Pyramide zu lokalisieren. Alvarez zeichnete die Energieunterschiede einfallender kosmischer Strahlen in der Sargkammer der zweitgrößten Pyramide von Giseh auf. Er ging dabei von der

Tatsache aus, dass die die Hohlräume durchfliegenden Teilchen weniger Strahlungskraft verlieren als die ausschließlich das feste Gestein durchdringenden. Soweit die Theorie.

Die Praxis freilich sah leider völlig anders aus. »Es widerspricht allen bekannten Gesetzen der Physik«, äußerte einst Projektmitarbeiter Dr. Goneim. Denn so oft man die gewonnenen Daten auch in den Computer eingab, genauso oft formten sich völlig andere Muster. Bis heute wurde nicht zweifelsfrei geklärt, was die Ursache für das mysteriöse Phänomen gewesen ist.

Robert Cribbs machte den Staub und die Hitze sowie die Unebenheit des Bodens für die Fehlfunktionen seiner Apparatur verantwortlich. Mittels Platten nivellierte er deshalb den Untergrund und hielt gleichzeitig den Staub vom Messgerät fern. Und siehe da: Jetzt arbeitete die Sonde zufriedenstellend – und wurde auch in der großen Pfeilerhalle alsbald fündig. »Möglich, dass das die Überraschung ist, auf die wir gehofft haben«, kommentierte Cribbs die erhaltenen Werte. Und tatsächlich: Stampft man an der angegebenen Stelle fest mit dem Fuß auf den Boden, hallt ein dumpfes Echo zurück.

Eine Sensation war das freilich nicht – denn was Cribbs mühselig unter Einsatz teuersten Equipments herausfand, ist den ägyptischen Touristenführern seit Jahrzehnten längst vertraut. Sie sagen, dass sich da unten lediglich ein zugeschütteter Schacht befindet. Das könnte gut sein – Schächte gibt es in KV 17 mehrfach. Sie sollen als Hindernis für Grabräuber gedient haben oder aus religiösen Gründen angelegt worden sein, glauben die Experten.

Eingedenk der Erfahrungen Giovanni Belzonis mit abd el-Rassul erhebt sich gleichwohl auch die Frage, ob man den Ausführungen der Grabeshüter trauen kann. Oder ist das wieder nur eine listige Finte der Thebaner, die in der Vergangenheit schon mehrfach der Kumpanei mit Leuten vom Schlage der Rassuls überführt wurden …?

Den Höhepunkt der Sondierungen, die Begehung der »Passage K«, hob sich Cribbs für das Ende der Untersuchungs-Kampagne auf. Doch kaum war das massive Eisengitter vor dem Tunnel aufgeschlossen, gab es schon lange Gesichter. Die stellenweise klaustrophobische Enge des Sethos-Schachtes sowie sehr hohe Temperaturen machten von vornherein jede Überlegung zum Einsatz der hochempfindlichen Apparaturen zunichte. So kam Cribbs über einen mühsamen Erkundungsgang nicht hinaus. Dabei will er allerdings im oberen Tunnelabschnitt einen Raum entdeckt haben. »Aber«, begegnet er voreiligen Schlussfolgerungen, »es ist unklar, aus welcher Zeit er stammt und was er beinhaltet.« Und das ist der Stand der Dinge. Oder ist er schon überholt?

Cribbs wollte zurückkehren – aber bislang ist über eine erneute Forschungskampagne im Sethos-Schacht kein Sterbenswörtchen bekannt geworden. Angeblich wollen die Ägypter KV 17 wieder in Eigenregie erforschen.

Das wird relativ schwer, wie wir gesehen haben. Aber das ist noch gar nichts im Vergleich zu den Schwierigkeiten, die jene Schatzsucher haben, die in sengender Hitze versuchen, endlich einen bestimmten Wasserfall im Tal der Könige zu finden. Jawohl, im Tal der Könige existiert ein Wasserfall – und er führt … aber das ist wiederum eine völlig andere Geschichte.

13
Der Isis-Nofret-Code

Ostrakon J. 72460 weist den Weg:
Wer findet den Wasserfall im Tal der Könige?

Scherben«, sagt der Volksmund, »bringen Glück.« Man mag gelegentlich durchaus seine Zweifel am Wahrheitsgehalt dieses alten Sprichwortes haben. Uneingeschränkt zutreffend gilt dieser Spruch jedoch für die Archäologie im Allgemeinen und für die Ägyptologie im Besonderen.

Der Fachmann nennt diese Scherben »Ostraka« und meint damit Keramikbruchstücke oder Felssplitter mit einem besonderen Merkmal: Sie sind beschriftet mit antiken Texten jedweder Art. Ob ganze Briefe oder Zeichnungen, ob Bestandslisten oder literarische Schriften – die alten Ägypter haben so ziemlich alles auf Ostraka festgehalten, was ihnen im Alltag notierungs- und fixierungswürdig erschien. Ein Ostrakon war der Papyrus des »kleinen Mannes«, die billige, weil kostenlose Alternative zu den teuren und relativ kompliziert herzustellenden Schriftrollen. Dem Laien sagen sie in der Regel recht wenig. Der Experte aber (meist ein Papyrologe oder Ägyptologe) entnimmt ihnen wichtige Informationen über das Leben in der jeweiligen Epoche.

Allein im Tal der Könige fanden sich bis heute Hunderte derartiger Bruchstücke. Wie sollte es auch anders sein, befassen sie sich mehrheitlich mit Organisationsformen und Verwaltungsakten der Nekropole. In diese Kategorie gehören auch antike Baupläne von in Biban el-Moluk angelegten Gräbern. Bereits seit 1888 kennen wir einen Kalksteinsplitter mit der kompletten Zeichnung von KV 6, der Felsengruft Ramses' IX. aus der 20. Dynastie.

Vereinzelt aber werden auch Ostraka entdeckt, deren Inhalt bei den Ägyptologen leuchtende Augen hervorruft. Das ist meist dann der Fall, wenn die Scherben auf neue Objekte oder Bauten hindeuten, die heute schwer beschädigt, verschollen oder gar gänzlich unbekannt sind.

Zur letzteren Kategorie gehört ein Kalksteinsplitter im Ägyptischen Museum von Kairo, der aus dem Tal der Könige stammt. Darauf ist, in groben Zügen skizziert, ausschnittsweise der Grundriss eines Grabes abgebildet (siehe Bild 30). Nun, das allein wäre noch nichts Besonderes. Doch dieses Ostrakon könnte sich eines Tages als erster Hinweis auf eine noch unbekannte Anlage auf dem Königsfriedhof herausstellen. Denn: Die Skizze lässt sich keinem der bisher freigelegten Gräber im Tal zuordnen!

Allerdings sind auch noch andere Erklärungen denkbar. Da es sich um eine sehr primitive Zeichnung handelt, ist durchaus annehmbar, dass sie lediglich eine Vorüberlegung abbildet, die mit der späteren tatsächlichen Ausschachtung nichts mehr gemein hat.

Oder aber die Anlage kam über das Planungsstadium nie hinaus, weil der Grabinhaber den Entwurf verwarf. Möglich wäre auch, dass der Auftraggeber verstarb, bevor die Gruft von den Handwerkern überhaupt in Angriff genommen worden ist. Es ist also nicht auszuschließen, dass das Kairoer Ostrakon ein »Phantom-Grab« zeigt, ein Vorhaben, das nie verwirklicht wurde.

Vielleicht steht das Ostrakon aber auch in Verbindung mit einem weiteren Kalksteinsplitter. Er ist katalogisiert als »Ostrakon J. 72460». Die leider bereits verstorbene amerikanische Ägyptologin Elizabeth Thomas bezeichnete das Bruchstück als »eine Seeräuberkarte von einem vergrabenen Goldschatz« – das altägyptische Pendant zu Robert Louis Stevensons berühmtem Schatzplan (siehe Bilder 28 und 29) in seinem Buch »Die Schatzinsel«.

Eine Seeräuberkarte zu vergrabenem Gold

Gleichwohl gibt es auch einen gravierenden Unterschied zwischen den beiden Karten: Stevensons Plan ist Fiktion, Ostrakon J. 72460 hingegen Realität.

Gemäß den Zugangspapieren des Kairoer Museums stammt J. 72460 gleichfalls aus dem Tal der Könige. Entdeckt wurde das Dokument dort höchstwahrscheinlich 1902 im Rahmen der Ausgrabungen des aus den Vereinigten Staaten stammenden Kupfermagnaten Theodore Davis. Verschiedene Indizien deuten darauf hin, dass der tatsächliche Finder kein Geringerer war als – Howard Carter. Während auf den Dahabijas, den komfortablen Nilschiffen, betuchte Touristen unter Sonnenschutzplanen ihre Cocktails zu sich nahmen, sammelte der Engländer als Mitglied des Suchteams im Staub des Talkessels erste Erfahrungen als Ausgräber.

Und mit Ostrakon J. 72460 ist dem Briten auch einer seiner ersten spektakulären Funde gelungen – obwohl der unscheinbare Stein gerade mal 11 auf 13 Zentimeter misst. Denn wie die Transkription der hieratischen Schriftsymbole[1] ergibt, ist der Text eine Art Wegweiser, ein Wegweiser zu einem Königinnen-Grab im Tal der Könige! Und das Beste daran: Das Grab ist bis heute unentdeckt! Lesen wir, was der unbekannte Schreiber, mutmaßlich irgendwann zwischen 1275 und 1126 v. Chr., notierte:

Vom Tr(t)yt bis zum General
30 Ellen; (und bis zum) Grab des Größten der Schauenden Meryatum

---

[1] Der Berliner Ägyptologe Adolf Erman bezeichnete die hieratische Schrift zutreffend als die »Schreibschrift der alten Ägypter«.

25 Ellen. Von Tr(t)yt (und? oder bis zu?)
dem Grab der Öle zu meinem Größten der Schauenden 40 Ellen.
Stromabwärts (nach Norden) auf dem nördlichen Weg, wo das alte Grab ist,
30 Ellen bis zum General.

Und auf der anderen Seite des Ostrakons ist zu lesen:

(Vom ?) Grab der Isis-Nofret zum
(Grab von) meinem Größten der Schauenden Meryatum,
200 Ellen.
(Vom ?) Ende der Wasser des Himmels
zum Grab der Isis-Nofret
445 Ellen.

Der Text gleicht einem Buch mit sieben Siegeln. Diese Siegel lauten Tr(t)yt, General, Meryatum, Grab der Öle, stromabwärts auf dem nördlichen Weg, das alte Grab und Ende der Wasser des Himmels.

Doch die Ägyptologen haben bei der Entschlüsselung des Textes bereits bedeutende Erfolge erzielt. So lässt sich über die einzelnen Teile dieses Puzzles folgendes aussagen:

Tr(t)yt: Dieser Name ist die ägyptische Vokabel für Weidenbaum. Der Weidenbaum hat einen direkten Bezug zum Königsfriedhof. Der Tr(t)yt war nämlich der Göttin Hathor in ihrer Funktion als »Wächterin des Westens«, also der Totenwelt, heilig. Aus seinen Blättern geflochtene Begräbniskränze haben im Totenkult eine lange Tradition und wurden beispielsweise auch bei der Mumie Tutanchamuns gefunden. Unklar ist indes weiterhin, ob sich der Text auf einen tatsächlich angepflanzten Baum bezieht, oder aber ob hier vielmehr eine Kultstätte gemeint ist.

General: Die Wissenschaftler identifizieren die Person des Generals aufgrund ähnlicher Formulierungen in anderen Ostraka-Texten als Pharao Ramses II. Sollte diese Einschätzung zutreffen, stand der Tr(t)yt in 15,7 Meter Entfernung vom Eingang zu KV 7, der gigantischen Gruft Ramses' II., denn eine Elle wurde zu jener Zeit mit 0,52 Meter angesetzt.

Meryatum: Mit diesem Ausdruck ist mutmaßlich der Eingang zu KV 5, dem größten bisher in Kemet entdeckten Mausoleum, gemeint. Dann hätte der Tr(t)yt genau 13,10 Meter Abstand zu diesem Grab gehabt. Meryatum hieß einer der Söhne Ramses' II. Die Verwendung seines Namens auf dem Ostrakon weist auf KV 5 hin, das als letzte Ruhestätte für die über 40 Prinzen Ramses' II. aus dem brüchigen Gestein geschlagen worden ist.

Grab der Öle: Mutmaßlich ist damit ein kleines, unvollendetes Grab gemeint, das als Lagerstätte für Fette und Schmieröle Verwendung fand.

Nördlicher Weg: Elizabeth Thomas interpretiert diese Beschreibung wörtlich. Andere Wissenschaftler übersetzen hingegen diese Passage als »enge Straße«.

Das alte Grab: Über diese Angabe gibt es keine einheitliche Auffassung.

Das Ende der Wasser des Himmels: Diese Formulierung bezieht sich auf jene das Tal umgebende Felswände, von deren Bruchkanten sich bei Unwettern imposante Wasserfälle in die Schlucht ergießen. Doch auf welchen Teil des Felsmassivs bezog sich der Ausdruck speziell? (Siehe Bild 31).

Wer war Königin Isis-Nofret?

Die Antwort auf diese banal klingende Frage ist in Wahrheit von enormer Bedeutung, lässt sich daraus doch ableiten, welcher Dynastie sie zuzurechnen ist – und welcher Eingangstyp zu ihrer Gruft führt. Außerdem lassen sich daraus mögliche geographische Bezugspunkte über den Standort ihrer Gruft im Tal herstellen. Doch die Antwort auf diese Frage ist schwierig, denn es gibt zwei Frauen dieses Namens, die als Anwärterinnen auf ein Grab in Biban el-Moluk in Frage kommen. Es sind dies einmal Isis-Nofret, eine Gemahlin Ramses' II. Ebenso kommt aber auch Königin Isis-Nofret, die Frau an der Seite des Ramses-Nachfolgers Merenptah, in Betracht. Beide Damen haben somit ihre Lebensspannen in der mittleren 19. Dynastie (ca. 1275–1202 v. Chr.) gehabt.

Isis-Nofret, die Ramses-Gemahlin, war die zweite Hauptkönigin dieses Pharaos. Häufig wird behauptet, sie habe bei Ramses II. nach der berühmten Nefertari lediglich die »zweite Geige gespielt«. Falls dem wirklich so gewesen sein sollte, traf diese Zurücksetzung nicht auf ihre Kinder zu. So war unbestritten ihr gemeinsamer Sohn Chaemwese der Lieblingssohn des Pharaos. Er bekam höchste Staatsämter übertragen und war in den letzten drei Jahren vor seinem Tod sogar designierter Thronfolger.

Doch Ramses überlebte auch diesen geliebten Sohn. Erst nach 66-jähriger Regentschaft ging er in das Reich des Osiris ein. Sein Nachfolger wurde, wie bereits erwähnt, der Isis-Nofret-Sohn Merenptah. Dessen Gemahlin wiederum wurde die zweite »First Lady« Ägyptens dieses Namens.

Damit erschöpft sich aber unser Wissensstand über die beiden Königinnen auch schon. Kein Wunder, dass der amerikanische Ägyptologe Kent Weeks meint: »Das Grab der Isis-Nofret zu finden, wäre eine wichtige Entdeckung.« Mit dieser Ansicht steht er längst nicht allein. So hat der Architekt Walton Chan vom KV 5/Theban Mapping Project eine hochinteressante Karte des Tals erstellt. Basierend auf Ostrakon J. 72460 hat er darauf die Punkte markiert, bei denen eine gezielte Suche nach dem Grab die größten Erfolgsaussichten haben könnte.

Eine vielversprechende Stelle befindet sich südöstlich von dem uns bereits aus dem letzten Kapitel bekannten Grab KV 17 von Sethos I. Sollte Chans Bestimmung zutreffen, ruht Isis-Nofret nur wenige Meter von diesem Pharao entfernt in ihrer Felsengruft. Die Chancen stehen sogar gut, dass ihr Mausoleum von Fledderern verschont geblieben ist. Jedenfalls wurde im Tal der Könige bislang kein Artefakt aufgefunden, das dieser Königin zuzuordnen wäre. Dies ist stets ein gewichtiges Indiz dafür, dass die Grabstätte mit hoher Wahrscheinlichkeit noch ungeschändet ist.

Noch ist der Zeitpunkt für teure und aufwändige Suchgrabungen aber nicht gekommen. Zuvor gilt es, die weiterhin unklaren und mehrdeutigen Textpassagen geographisch besser einzugrenzen. Dienlich wäre hierzu in Erfahrung zu bringen, wann der unbekannte Schreiber J. 72460 bekritzelt hat. Doch darüber gehen – wie so oft in der Ägyptologie – die Ansichten weit auseinander. Mitarbeiter des Ägyptischen Museums in Kairo datieren die Inschrift in die 20. Dynastie. Hingegen kommt die Paläographie zu der Überzeugung, das Ostrakon wurde bereits in der 19. Dynastie beschriftet.

Das größte Problem bereitet noch die Bestimmung des »Wassers des Himmels«, also des Wasserfalls, der sich bei Wetterunbilden in das Tal ergießt. Elizabeth Thomas ist bei ihren diesbezüglichen Forschungen zu folgenden Ergebnissen gekommen: »Die mir zur Verfügung stehenden Karten und Photos deuten auf den Abschnitt hin, der sich von den Felsklippen oberhalb von KV 36 bis zu denjenigen knapp hinter Grab 15 erstreckt.«

Aber wo genau in diesem Bereich? »Die spezielle Stelle«, schrieb die Forscherin, »befindet sich möglicherweise oberhalb von Grab 13, wo das Gelände die zwei oder mehr Wasserfälle ermöglicht.«

Es ist wie bei der Fahndung nach einem Mörder. Stück für Stück kommt man der Lösung des Falles näher. Mosaikstein fügt sich zu Mosaikstein. Und dennoch: Die Suche nach Isis-Nofret steht erst am Anfang. Selbst wenn wir alle Bestandteile des Codes bereits kennen würden, bliebe noch die kostenintensive Feldarbeit, die quälend langsam zeigen würde, ob die graue Theorie mit der harten Wirklichkeit übereinstimmt.

Wer also glaubt, noch sachdienliche Hinweise auf die Lage des Grabes geben zu können, der sollte sich an die Experten wenden. Denn wer eine fachwissenschaftliche Institution von seinen Überlegungen überzeugen kann, hat auch gute Karten, die ägyptischen Antikenbehörden für eine Suchkonzession unter fachmännischer Leitung zu gewinnen. Dies hat kein geringerer gesagt als SCA-Chef Zahi Hawass. Die Arbeit am Isis-Nofret-Code könnte sich also durchaus lohnen.

Als noch rentabler könnte sich die Suche nach dem ebenfalls im Tal der Könige … Aber das ist natürlich wieder eine ganz andere Geschichte …

14
»Das Tal der Könige ist fundleer«

So glaubten schon viele Ägyptologen.
Sie haben sich gründlich getäuscht.

Das Tal der Könige (siehe Bild 32). Allein schon die Erwähnung dieses Wadis in Theben-West weckt bei Kundigen Assoziationen von mächtigen Pharaonen, gruseligen Mumien und Schätzen im Überfluss. Vielleicht ist dieser Talkessel heute sogar die bekannteste Örtlichkeit des gesamten Altertums. Falls dem so ist, verdankt der unwirtliche, mit Schutt- und Geröllmassen übersäte Flecken seinen Bekanntheitsgrad diesen schier unfassbaren Reichtümern, die hier vor rund 3000 Jahren eingelagert waren.

Aber leider ist die Aussicht, in den senkrecht abfallenden Steilwänden von Biban el-Moluk, wie das Tal im Arabischen heißt, oder auf dem unter den Abraumbergen verborgenen Talgrund noch einen Hort zu finden, praktisch gleich Null.

So urteilte der uns bereits bekannte Giovanni Belzoni 1817: »Es ist meine feste Überzeugung, daß es im Tale Biban el-Moluk keine Gräber mehr gibt, die nicht bekannt sind.« 1898, also fast ein Jahrhundert später, gelang Victor Loret aus Frankreich die Entdeckung des Grabes Amenophis' II.

1912 gab der amerikanische Kupfermagnat Theodore Davis seine Konzession für das Tal der Könige zurück und bilanzierte seine überaus erfolgreiche Grabungsarbeit mit dem Satz: »Ich fürchte, daß damit das Tal der Könige restlos erforscht ist.« 1922 entdeckt Howard Carter das berühmte Grab des Tutanchamun.

Aus unserer heutigen Sicht, der Sicht der *Wissenden*, mag die Überzeugung, das Tal sei »leer«, lächerlich erscheinen. Aber zu Belzonis Zeiten verfügte man bestenfalls über ein Know-how im Promillebereich der heute zur Verfügung stehenden Artefakte und Informationen.

Zumal seit der Wiederentdeckung von KV 5, der vorgeblichen Ruhestätte der Ramses II.-Söhne im Jahr 1989, wird man kaum einen Ägyptologen finden, der nicht einen neuerlichen »großen Fund« für möglich hielte – und insgeheim hofft, dass ihm persönlich dieser Coup gelingen möge.

Das hat auch vor etlichen Jahren bereits ein Inspektor der Altertümerverwaltung SCA namens Mohammed el-Sakher bestätigt. Offenherzig antwortete er diesbezüglich auf eine entsprechende Frage: »Es ist der große Traum aller Leute, die hier arbeiten, eine weitere Entdeckung wie die von Tutanchamun zu machen.«

Nun, damit kann ich zwar nicht aufwarten, aber zumindest einen bescheidenen Schatzfund hat es im Tal der Könige *nach* Tutanchamuns Bergung noch gegeben.

Der Schatz Ramses' XI.

Er fand sich in KV 4, dem Grab Ramses' XI. (ca. 1098–1070 v. Chr.). Der elfte Ramses war der letzte Herrscher, für den im Tal der Könige ein Mausoleum in den Fels getrieben wurde. Dazu schrieb John Romer, der die Gruft zwischen 1978 und 1980 für das Brooklyn Museum freilegte: »Das Grab Ramses' XI. wies eine Eigenheit auf, die uns faszinierte. In der herrlichen, gewölbten Grabkammer ... befand sich ... ein riesiger, etwa 14 auf 10 Fuß messender Schacht ... Ihn freizulegen würde höchst mühsam sein. Doch ... wer weiß, was wir dann vorfinden würden? Eine verborgene Tür zu einem weiteren Korridor und weitere Räume?« Leider erfüllten sich die Wünsche und Hoffnungen des Teams nicht, denn das Grab blieb unvollendet. Die Enttäuschung war indes nicht besonders groß, stand KV 4 doch bereits seit der Antike offen. Selbst wenn es also auf dem Boden des Schachtes weitergegangen wäre, hätte man die dort lagernden Pretiosen schon vor Jahrtausenden gestohlen. Das war dem Team selbstverständlich bekannt. John Romer fand seinen Schatz. »Eines Abends«, wie er sich ausdrückte.

Er bemerkte, beschrieb Romer den entscheidenden Augenblick später, »einen besonders glatten Steinblock …« Der Quader befand sich genau an der Öffnung des Schachtes in KV 4. Der Ausgräber weiter: »Er ließ sich leicht bewegen und darunter sah ich überraschend eine unbeschädigte Statue von Ramses XI.; zu seinen Füßen lagen aufgehäufte, glitzernde Juwelen.«

Wie gerne wüssten wir mehr über die Geschichte dieses Schatzes! Sie muss enorm spannend sein, denn der Fund wirft mehr Fragen auf, als er beantwortet. Wer hat ihn dort so intelligent in der Planung und ebenso gewissenhaft in der Ausführung versteckt, dass er trotz ständiger Visiten Jahrtausende verborgen blieb? Und woher stammten die Kostbarkeiten? Ramses XI. wird sie jedenfalls kaum selbst gestiftet haben, denn der König hat sich gar nicht in der Gruft bestatten lassen – aufgrund der unsicheren Verhältnisse am Ende seiner Regierung ließ sich der letzte Ramesside an einem anderen Ort begraben. Dieses Grab und selbstverständlich auch seine Mumie warten noch immer auf ihre Finder …

Noch mehr Überraschungen

Das Tal der Könige ist also noch immer für eine Überraschung gut. Das wird allein schon bei einem Abgleich der gefundenen Ruhestätten mit den Königslisten der 18. bis 20. Dynastie deutlich. (Die Könige dieser Herrschergeschlechter ließen sich im Tal der Könige bestatten.) Ich habe sämtlichen Pharaonen dieser Epoche ein Grab (darunter allerdings auch solche mit einigen wissenschaftlichen Fragezeichen) zuordnen können. Sei es nun im Tal der Könige oder – wie im Falle Echnatons – außerhalb des Wadis.

Von sämtlichen Pharaonen? Nein, von einem kaum bekannten, nur kurze Zeit regierenden Herrscher Kemets fehlt jede Spur. Bei den Ägyptologen gibt es drei Kriterien, die erfüllt sein müssen, um von »jeder fehlenden Spur« des betreffenden Königs zu reden:

- Das Grab muss noch unentdeckt sein.
- Von der Grabausstattung sollte möglichst nicht ein einziges Artefakt aktenkundig sein.
- Auch die königliche Mumie sollte noch an einem unbekannten Ort liegen.

Die Kriterien sind sorgfältig überlegt und gelten als Gradmesser dafür, wie hoch die Chancen sind, die königliche Mumie noch in einem unberührten Grab und somit unversehrt vorzufinden. Je öfter man die einzelnen Punkte als »zutreffend« einstufen muss, desto höher wird die Chance angesetzt, das Grabmal noch ungeplündert vorzufinden.

Im Falle von Biban el-Moluk trifft dies lediglich noch auf eine einzige Herrschergestalt zu. Er ist nunmehr »der vergessene Pharao« – quasi der »Nachfolger« Tutanchamuns auf den ägyptologischen Fahndungslisten.

Ramses VIII. – das »missing link« der Ägyptologie

Der Gesuchte heißt: Ramses VIII. (ca. 1133–1126 v. Chr.), fünfter König der 20. Dynastie.

Es ist bemerkenswert, wie ähnlich die Parallelitäten zwischen Tutanchamuns und Ramses' Lebensweg sind. Beide

Herrscher regierten nur wenige Jahre. Beide wuchsen fern von Theben im nördlichen Teil des Reiches auf und regierten von dort das Land. Unter beider Regentschaft herrschten in Kemet äußerst instabile politische Verhältnisse. Ähnliches lässt sich über die archäologische Ausgangssituation feststellen. Auch bei Ramses VIII. fehlen Grab, Mumie und Ausstattung.

Doch es gibt auch gravierende Unterschiede. Auf Tutanchamuns Begräbnis in Biban el-Moluk gab es doch konkrete Hinweise, Funde, die eindeutig nahelegten, dass der Kindkönig irgendwo in diesem Tal zu Grabe getragen wurde. Das ist bei Ramses nicht der Fall. Ägyptologen sind deshalb im Zweifel, ob er nicht sogar gänzlich auf eine West-Bank-Bestattung verzichtete – so, wie oben geschildert, Ramses XI.

Vorstellbar wäre auch eine Beisetzung in einem anderen Grab im Tal, aber das lässt sich bislang archäologisch nicht erhärten. So muss die Zukunft das Schicksal Ramses' VIII. klären – oder bereits der morgige Tag. Schätze tauchen plötzlich auf.

Aber selbst wenn eines Tages die Gruft lokalisiert wird, ist das Tal längst nicht als »fundleer« zu deklarieren, wie schon vor Jahrzehnten Professor abd ul-Baker von der Universität Kairo unterstrich: »Wir sind geneigt anzunehmen«, äußerte er in einem Interview mit dem Tutanchamun-Autor Arnold C. Brackman, »dass es noch weitere Gräber in diesem Gebiet gibt – wenn nicht von Königen, so doch von Prinzen und anderen Mitgliedern des Adels.«

Der Mann konnte nicht ahnen, wie nahe seine Aussage der Wahrheit kam. Mehrfach schon hat sich seitdem seine Prognose eindrucksvoll bestätigt. Denken wir nur an die Monumentalgruft KV 5. Und wie rasch sich eine neue Spur auftun kann, zeigte ja bereits das Kapitel »Der Isis-Nofret-Code«.

Das »Enigma«-Ostrakon

Das in dieser Hinsicht rätselhafteste Ostrakon ist jedoch ein undatierbarer Kalksteinsplitter aus einem Königsgrab der 18. Dynastie. Das Artefakt ist bekritzelt mit Hieroglyphen und rätselhaften Symbolen, Bildern, Piktogrammen nicht unähnlich, die mit den bekannten Glyphen nicht in Einklang zu bringen sind. Handelt es sich möglicherweise um eine geheime, verschlüsselte Notiz? Oder ist der Text lediglich ein langweiliges »Höflingsregister«, wie eine ägyptologische Vermutung lautet?

Das Tal gibt seine Geheimnisse nur selten und zugleich sehr langsam preis. Das musste auch das bereits erwähnte »Amarna Royal Tombs Project« (ARTP) erfahren. Das britische Team sucht seit 1998 nach noch unentdeckten Gräbern und Depots aus der Amarnazeit. Die Hoffnung der Engländer: Angehörige der Ketzerfamile, zum Beispiel die durch ihre »Berliner Büste« berühmt gewordene Königin Nofretete, aufzuspüren. Von Erfolg war die ARTP-Suche bislang leider nicht gekrönt. Doch Schatzsucher wissen: Das kann sich von der einen auf die andere Sekunde blitzartig ändern.

Und zumindest ein Fund von Bedeutung ist den Briten bereits gelungen. 1999 brachten ihre Grabungen neben dem Eingang zur Gruft Ramses' VI. ein höchst bemerkenswertes Ostrakon ans Licht. Auf der Tonscherbe ist »Königin Taiay« zu lesen. Taiay war den Ägyptologen bis zu diesem Augenblick völlig unbekannt. Dieses ARTP-Ostrakon ist der erste Hinweis auf ihre Existenz.

Wie Projektmitglied Nicholas Reeves (siehe Bild 33) aufgrund stilistischer und sprachlicher Elemente der Tonscherben-Aufschrift annimmt, ist die Königin der 20. Dynastie (ca. 1185–1070 v. Chr.) zuzuordnen. Mehr lässt sich zum jetzigen Zeitpunkt nicht aussagen. Aber könnte das Bruchstück den Weg weisen? Wie sagte doch Professor abd ul-Baker: »Wir sind geneigt, anzunehmen, dass es noch weitere Gräber in diesem Gebiet von Prinzen und anderen Mitgliedern des Adels gibt.« Taiay könnte sich so eines Tages als ein Beispiel für die Richtigkeit seiner Prognose herausstellen.

Welches Fazit können wir aus der beschriebenen Faktenlage ziehen? Lassen wir noch einen Ägyptologen zu Wort kommen, der die Fundlage in Biban el-Moluk trefflich in einem Satz zusammenfasste. Es handelt sich um Dr. Labib Habachi, einen anerkannten Experten für die thebanische Königsnekropole. Er sagte: »Wenn systematisch gesucht würde, wird bestimmt noch etwas gefunden werden.«

Die Biban el-Moluk-Botschaft

Herausgefunden hat bereits etwas der Engländer Stanley James. Er ist der einzige Autor, den ich ausfindig machen konnte, der explizit eine kleine Publikation über verschollene Pharaonen und Königsgräber (»Missing Pharaohs: Missing Tombs«) verfasst hat.

Konkret handelt es sich um eine Strecken- bzw. Entfernungs-Gesetzmäßigkeit, beginnend mit dem Grab des Tutanchamun. Ich nenne sie die »James-Regel«. Sie besagt:

Die Entfernung vom Grab des Pharao A zur Gruft des Herrschers B ist länger oder kürzer als die Distanz vom Mausoleum des Königs B zum Grab des Potentaten C.

Wenn also die Strecke von der Gruft des Pharao A zur Anlage von Pharao B länger ist als die Strecke vom Mausoleum des Königs B zum Herrscher C, dann ist folglich der Weg von

Grab von – zur Gruft des	**Entfernung**	**Anmerkung**
Tutanchamun–Horemhab	kurz	Eje ausgelassen, da im Westtal bestattet
Horemhab–Ramses I.	lang	
Ramses I.–Sethos I.	kurz	
Sethos I.–Ramses II.	lang	
Ramses II.–Merentptah	kurz	
Merentptah–Sethos II.	lang	
Sethos II.–Amenmesse	kurz	
Amenmesse–Siptah	lang	
Siptah–Sethnacht	kurz	Tewosre ausgelassen, da Königin
Sethnacht–Ramses III.	lang	
Ramses III.–Ramses IV.	kurz	
Ramses IV.–Ramses V.	lang	
Ramses V.–Ramses VI.	kurz	
Ramses VI.–Ramses VII.	lang	
Ramses VII.–Ramses VIII.	kurz	unbewiesen, da Grab Ramses' VIII. fehlt
Ramses VIII.–Ramses IX.	lang	siehe obere Spalte
Ramses IX.–Ramses X.	kurz	
Ramses X.–Ramses XI.	lang	

der Gruft C zur Anlage D wieder länger als die Entfernung von Grab B zur Gruft C.

Ein Beispiel: A–B ist länger als B–C. Daraus folgt, C–D ist länger als B–C und D–E ist folglich wieder kürzer als C–D, und E-F wiederum ist länger als D–E und länger als F–G usw.

Umgekehrt: Ist A–B kürzer als B–C, folgt daraus, dass C–D kürzer ist als die Entfernung B–C und natürlich ist C–D auch kürzer als D–E, etc.

Diese Regel bezieht sich nur auf die Ostzunge des Tals der Könige, also das so genannte Haupttal.

Daraus ergibt sich – nach James – die in der umseitigen Tabelle angeführte Reihenfolge.

Soll das wirklich nur Zufall sein? Oder steckt hinter der »James-Regel« mehr, als sich uns bis heute erschließt?

Stanley James glaubt jedenfalls, mit Hilfe seiner Berechnungen das Areal bestimmt zu haben, in dem sich das »missing link« der Ägyptologie, also das Grab von Pharao Ramses VIII. befindet. In seiner Skizze liegt die Gruft unmittelbar auf der gegenüberliegenden Seite der Talstraße vom Aufweg zu Grab KV 1. Eines ist daran jedenfalls sicher: Schaden kann eine Suchgrabung nicht – aber sich vielleicht lohnen.

KV 20 und der Deir el-Bahari-Tempel

Lohnen könnte sich eine Suche auch in KV 20. Jawohl, nicht nach KV 20, sondern tatsächlich in KV 20. Das Grab ist nämlich bekannt. Es gehörte einer der wenigen Frauen, die in der langen, wechselvollen Geschichte des alten Ägypten den Horus-Thron bestiegen haben, also die Pharaonenwürde erlangten. Hatschepsut regierte etwa 15 Jahre (1498–1483 v. Chr.). Ihre herausragendsten Bauten sind der berühmte terrassenförmige Tempel in Theben-West, der häufig als der schönste altägyptische Kultbau bezeichnet wird, und eben KV 20, das zweitlängste Grab im Tal der Könige. Entdeckt wurde es 1903 von keinem Geringeren als Howard Carter.

Über diese Anlagen wissen die Bewohner von Kurna eine alte Legende zu erzählen. Demnach soll ein bis heute unentdeckter Tunnel beide Bauten miteinander verbinden.

Doch damit nicht genug. In der Mitte des unterirdischen Geheimgangs befindet sich, wenn wir der Legende trauen können, (mindestens) eine Kammer, die den Tempelschatz birgt – so die Erzählung der Kurnawis. Hat die Geschichte einen realen Hintergrund?

Ein Blick auf die Karte zeigt: Daran könnte durchaus etwas Wahres sein, denn: Die beiden Bauten sind lediglich durch die Ausläufer des thebanischen Gebirges getrennt. Und das an genau der engsten Stelle.

Sogar der Leiter des Berliner Ägyptischen Museums, Professor Dietrich Wildung, will die Existenz einer noch unentdeckten Verbindung nicht ausschließen: »Ein Verbindungsgang zwischen dem Grab der Hatschepsut im Tal der Könige und deren Tempel in Deir el-Bahari ist zwar nicht nachgewiesen, kann jedoch prinzipiell nicht ausgeschlossen werden«, ließ er mich brieflich wissen und merkte noch an: »Eine räumliche Bezugnahme beider Anlagen aufeinander scheint sicher zu sein.«

Bei der hervorragend von polnischen Archäologen durchgeführten Restaurierung des Hatschepsut-Tempels wurde keine Geheimtür entdeckt. Aber das will nichts heißen. Es wäre nicht das erste Mal, dass sich die antiken Baumeister als cleverer herausstellten als die heutigen Fachleute. Auch Untersuchungen in KV 20 blieben bislang fruchtlos. Ein Grund hierfür könnte sein, dass die Gruft noch immer nicht restlos erschlossen und freigeräumt ist.

Während also noch völlig offen ist, ob und was sich unter der Felsenwand von Deir el-Bahari verbirgt, gelang 1871 an fast der gleichen Stelle *in* den sich auftürmenden Gebirgsklüften Achmed abd el-Rassul bereits ein Jahrhundertfund. Aber damit beginnt wieder eine ganz andere Geschichte ...

15
Wo ist die »letzte Cachette«?

Auf Achmed Rassuls Fährte zu den fehlenden Mumien von Tutanchamuns Nachfolgern.

Die Reaktionen sind höchst unterschiedlich. Die meisten Gesichter der Besucher in diesem Raum signalisieren achtungsvolles Staunen. So manche Mimik verrät aber auch Abscheu und Gruseln. Wohl in keiner anderen Ausstellung altägyptischer Artefakte sind derart deutlich Emotionen bei den Betrachtern zu registrieren wie im Mumiensaal des Ägyptischen Museums Kairo.

Dort liegen sie, die »Größten der Großen«, die Thutmosiden und Ramessiden. Wäre der schaurige »Fluch der Pharaonen« Realität, im Ausstellungssaal müssten allein schon ob der Anzahl der vorhandenen Pharaonenmumien die neu- und wissbegierigen Besucher gleich reihenweise tot umfallen.

Während dieses Thema in der einen oder anderen Unterhaltung im Saal eine gewisse Rolle spielt, ahnen die meisten Betrachter allerdings nicht, dass knapp die Hälfte der vor ihnen unter Glasscheiben liegenden Potentaten, also Herrscher, von einem einzigen Ausgräber aufgefunden wurden. Sein Name: Achmed abd el-Rassul. Sein Status: Fellache. Sein Hauptberuf: Grabräuber. Seine Nebentätigkeit: illegaler Antiken-Dealer.

Nicholas Reeves bezeichnet die Geschichte von Achmeds Entdeckung als die vielleicht »aufregendste Episode der gesamten ägyptologischen Forschungsgeschichte«. Und in der Tat: Spannend ist sie allemal, denn es geht um die Entdeckung von über einem Dutzend Pharaonenmumien nebst wertvollen Pretiosen.

Der Fund gelang 1871 Achmed Rassuls – Ziege! Sie war ihrem Besitzer entlaufen und im thebanischen Gebirgsmassiv zwischen dem Hatschepsut-Tempel und dem Tal der

Könige[1] in einen Schacht geraten. Achmed stieg ihr nach und fand sich unversehens in einem engen, von Menschenhand angelegten Gang wieder. Der Boden war, so weit das Auge im matten Schein einer Kerze blicken konnte, mit Särgen förmlich übersät. Und das Besondere: An vielen Kopfteilen ließ sich eine Uräus-Schlange, das königliche Symbol, erkennen. Achmed wusste selbstverständlich um die Bedeutung dieses Zeichens: Viele der Särge enthielten die Mumien von Pharaonen!

Achmed abd el-Rassul und der »afrit«

Diese Darstellung der Auffindung des Mumienverstecks wird auch heute noch – sogar von Experten – verbreitet. Sie ist falsch. Als wenn ein Fellache »zufällig« oder »ständig« eine Kerze in seiner Geballah mit sich tragen würde. Und wie sollte auch die Ziege in den Schacht geraten, zu dem man sich lediglich an ein Seil geklammert senkrecht in die Tiefe herablassen kann.

Einer der wenigen Wissenschaftler, der jemals öffentlich eingestand, dass er Kontakt mit den Kurnawis hatte, war Percy Newberry, Professor an der Universität Kairo. Ihm erzählte der ergraute Achmed eine »geringfügig« andere Version: Demnach war selbstverständlich keine Ziege im Spiel. In Wahrheit frönte Achmed gemeinsam mit seinem Bruder Mohammed und einem dritten Kurnawi seinem anstrengenden Hauptberuf, der Grabräuberei. Gemeinsam führten die drei kleinere Suchgrabungen durch, als sie den Schacht ent-

---

[1] Also unweit der Stelle, an welcher unterirdisch der Geheimgang vom Grab der Pharaonin Hatschepsut, KV 20 (siehe vorheriges Kapitel), zu ihrem Terrassentempel in Deir el-Bahari verlaufen soll.

deckten. Achmed wurde hinabgelassen, um ihn zu erkunden. Und der erfahrene Fledderer erkannte sofort, dass sie tatsächlich auf eine außergewöhnliche Stelle gestoßen waren, denn ihr gegenüber erblickte er einen Eingang – einen zugemauerten Eingang! Was immer sich also dahinter verbarg, es war zumindest seit dem Altertum unberührt – ein äußerst vielversprechendes Zeichen! Achmed durchbrach die Mauer und stieß auf die enge Passage. Dort bot sich ihm der bereits geschilderte Anblick: Särge, Mumien und verschiedenste wertvolle Grabbeigaben. Achmed war sofort klar: Dieser Schatz musste in der Familie bleiben! Aber wie den Dritten im Bunde ausschalten?

Spätestens an dieser Stelle zeigt sich die sprichwörtliche Bauernschläue der Rassuls. Achmed eilte an den Eingang zurück und rief aufgeregt, man möge ihn schnellstens wieder nach oben ziehen. Auf der Gebirgsplatte wieder angekommen, erzählte der aufgeregte Achmed seinen beiden Gefährten: »Ich habe einen ›*afrit*‹, einen bösen Geist, geweckt. Schnell weg von hier!« Achmed musste seine Aufforderung nicht wiederholen.

Noch in der gleichen Nacht aber kehrte er mit einem Esel zurück, den er tötete und unter größten Anstrengungen im Schacht zur Verwesung niederlegte. Denn *afrite*, so besagen es die Legenden, verbreiten um sich stets einen übel riechenden Gestank. Jeder der hierher kommen sollte, würde das eindringlich bestätigt finden und gerne auf eine Inspektion des Schachtes verzichten. Achmeds List soll ein voller Erfolg gewesen sein.

Ob diese Schilderung die wahre Geschichte erzählt, wissen allein die Rassuls. Insgesamt kursieren bestimmt fünf, sechs verschiedene Versionen der seinerzeitigen Abläufe auf der West-Bank. Sicher ist hingegen: Nach Entdeckung des Mumiendepots, auch Cachette genannt, mit der Registratur DB (für *D*eir el-*B*ahari) 320 tauchten auf dem ohnehin reichhaltigen Aegyptica-Markt von Luxor über Jahre hinweg immer wertvollere Stücke auf. Bronzegefäße, Statuen, Uschebtis aus unterschiedlichen Materialien und sogar die stets begehrten, aber äußerst raren Papyri-Dokumente (siehe Bild 34).

Harte Bandagen

Das blieb der ägyptischen Altertümerverwaltung auf Dauer selbstverständlich nicht verborgen. Schnell fiel der Verdacht auf die Rassuls. Aber »Achmed«, gestand der Direktor des Service des Antiquités, Gaston Maspero, später in seinem Buch »Les momies royales« ein, »verstand sein Gewerbe zu gut«. Es gelang dem Direktor nicht, die Sippe allein mit »ägyptivischem« Spürsinn zu überführen. Man griff deshalb zu handfesteren Mitteln. Die Rassul-Brüder wurden strengen, sprich schmerzhaften Verhören unterzogen. Damit sollte der Druck verstärkt werden, das Familiengeheimnis preiszugeben. Die Antikenbehörde kämpfte jetzt mit »harten Bandagen«.

Der Plan gelang. Achmed führte die Inspektoren unter Führung von Émile Brugsch, Masperos Stellvertreter, zu DB 320. Brugsch hat unter anderem über den Inhalt der Hauptgrabkammer festgehalten: »... Der ganze Raum war mit Särgen und Antiquitäten aller Art bedeckt. Ich war vor Staunen so überwältigt, dass ich kaum mehr wußte, ob ich wachte oder träumte.«

Ein einzigartiges Schatzdepot

Das Schatzdepot ist beispiellos. Insgesamt wurden dort mehr als 50 gut erhaltene Mumien – vom König bis zum Höfling –

sichergestellt. Doch das war längst nicht alles. Insgesamt barg die Altertümerverwaltung weit über 5 000 Objekte – der umfangreichste Hort, der je in Ägypten zu Tage kam. Und in dieser Rechnung sind jene Artefakte aus dem Schatz noch nicht einmal enthalten, welche die Rassuls in den vorhergehenden zehn Jahren bereits auf dem Schwarzmarkt für Aegyptica an Händler und Touristen gegen Bares gewinnbringend veräußert hatten.

Knapp zwanzig Jahre später, 1898, gelang dem französischen Ägyptologen Victor Loret völlig überraschend die Öffnung einer zweiten Cachette. Luftlinie war sie nicht weit von DB 320 entfernt. Sie fand sich nämlich im Tal der Könige. Die zweite Cachette war kein eigenes Depot. Vielmehr ruhten in diesem Fall die Mumien zum Schutz vor Leichenfledderern in zwei Seitenräumen von KV 35, der Gruft Amenophis' II. aus der 18. Dynastie.

Auch in dieser Anlage verstaute man weitere bedeutsame Herrscher wie Amenophis III., Merenptah, den viele für den Pharao des Exodus halten, und Ramses III., der mutmaßlich einer Haremsverschwörung zum Opfer fiel. Höchst erfreut äußerte der Forscher Francis L. Griffith: »Alles in allem besitzen wir die Reihe der thebanischen Monarchen des Neuen Reiches jetzt fast vollständig in Person.«

Fast ... Wer die Herrscherlisten der 18., 19. und 20. Dynastie mit den tatsächlich bekannten Mumien vergleicht, stellt alsbald fest, dass teilweise doch erhebliche Lücken klaffen, wie die nebenstehende Tabelle beweist.

Was die Mumie der Pharaonin Hatschepsut anbelangt, so tobt noch immer ein heftiger Expertenstreit. Aufgrund von Haaranalysen halten viele die Mumie eher für die der Königin Teje, der Gemahlin Amenophis' III. Doch die Untersuchungen lassen sich nicht zweifelsfrei interpretieren. Für die Hatschepsut-Theorie spricht der angewinkelte linke Arm

18. Dynastie		**19. Dynastie**		**20. Dynastie**	
Ahmose I.	•	Ramses I.	•	Sethnacht	?
Amenophis I.	•	Sethos I.	•	Ramses III.	•
Thutmosis I.	?	Ramses II.	•	Ramses IV.	•
Thutmosis II.	•	Merentptah	•	Ramses V.	•
Hatschepsut	?	Amenmesse	*	Ramses VI.	•
Thutmosis III.	•	Sethos II.	•	Ramses VII.	*
Amenophis II.	•	Siptah	•	Ramses VIII.	*
Thutmosis IV.	•	Tausret	*	Ramses IX.	*
Amenophis III.	•			Ramses X.	*
Echnaton	*			Ramses XI.	*
Semenchkare	*				
Tutanchamun	•				
Eje	*				
Horemhab	*				

• = *Mumie vorhanden*
? = *Mumie konnte noch nicht zweifelsfrei identifiziert werden*
* = *Mumie fehlt*

der unidentifizierten Körperhülle. Letztlich kann es sich bei der in Ägyptologenkreisen als »ältere Dame« bezeichneten Mumie aber auch um eine ganz andere Person handeln.

Noch komplizierter ist die archäologische Beurteilung hinsichtlich der Amarna-Könige Echnaton und Semenchkare. Beide können theoretisch mit der im Königsgrab KV 55 im Tal der Könige aufgefundenen Mumie identisch sein. Doch wird auch hier Königin Teje aufgrund der im Grab gefundenen Objekte nicht ausgeschlossen. Es ist also durchaus möglich, dass die Mumien beider Regenten nicht vorhanden sind. Besonders bei Echnaton ist das sehr wahrscheinlich, wie wir gesehen haben.

Merkwürdig ist das Fehlen von Eje und Horemhab. In den letzten beiden Jahrzehnten hat sich die Lehrmeinung hinsichtlich dieser beiden Emporkömmlinge (die beiden sind nicht königlicher Abstammung) deutlich gewandelt. Früher ging man davon aus, dass ihre Mumien zerstört wurden, weil sie dem »Ketzer von Amarna« sowie dessen Nachfolgern treu dienten. Von dieser Position ist man weitgehend abgerückt. Hauptargument: Beide Herrscher hatten großen Anteil an der Wiedereinsetzung der alten Götter nach Echnatons Monotheismus-Abenteuer. Es stellt sich deshalb die Frage, wo diese und die anderen Königsmumien, die noch fehlen, abgeblieben sind.

Gibt es eine dritte Cachette?

Ich kann zum jetzigen Zeitpunkt diese Frage leider (noch) nicht positiv beantworten. Aber ich schließe mich der Meinung von Nicholas Reeves an, der in seinem Buch »Das Tal der Könige« die Meinung vertritt, »DB 320 und KV 35 sind eindeutig nicht die einzigen Gräber, die als Versteck für die königlichen Toten Ägyptens benutzt wurden ...« Reeves' Einschätzung fußt auf Übersetzungen von Graffiti-Texten durch die englische Ägyptologen-Koryphäe Sir Alan Gardiner.

Die Graffiti stammen höchstwahrscheinlich von Butehamun, dem »Öffner der Tore in der Nekropole«. Das ist der außergewöhnlichste Titel, den es im Zusammenhang mit Funktionsträgern im Tal der Könige gegeben hat. Er besagt nämlich, dass ausschließlich Butehamun das Recht hatte, die Pharaonengräber zu inspizieren, die von Fledderern heimgesucht worden waren. Damit war er letztlich der absolute Entscheidungsträger darüber, wie mit den Resten des geplünderten Grabschatzes und der geschändeten Mumie weiter verfahren werden sollte.

Die Graffiti, vier an der Zahl, sind in KV 57, dem Grab von Pharao Horemhab, dem letzten Herrscher der 18. Dynastie, angebracht worden. Der erste Text spricht von einem nicht näher spezifizierten Befehl, den Butehamun in dieser Felsengruft ausführte. Das vierte berichtet ebenfalls von Tätigkeiten im Horemhab-Mausoleum. Das spricht laut Reeves für zwei Möglichkeiten: »Der Text kann die Entfernung des Königs aus dem Grab zur Neubeisetzung an anderem Ort festhalten, oder die Inschrift spricht von einer offiziellen Untersuchung …«

Mutmaßlich handelte es sich um Letzteres, denn als das Grab 1908 geöffnet wurde, fanden sich mehrere zerstückelte Skelette. Handelte es sich dabei um die Reste von Horemhab, Eje und den übrigen noch fehlenden Herrschermumien? Darüber lässt sich zum gegenwärtigen Zeitpunkt nur spekulieren. Fakt ist: Diese Vermutung ist wahrscheinlich, aber längst nicht zweifelsfrei. Das Rätsel um die dritte Cachette bleibt deshalb ungelöst.

Ungeklärt ist auch der Verbleib eines der bedeutendsten Kultobjekte des Alten Testaments. Aber das ist wieder eine andere Geschichte. Und sie hat ein Happyend, denn im Rahmen der Ereignisse stieß man auf den zweitgrößten ägyptischen Grabschatz aller Zeiten.

16
Und »Indiana Jones« hat doch Recht

Die Spur der Bundeslade führt nach Tanis – und zu noch unentdeckten Königsgräbern?

Hat die Bibel doch Recht? Beschreibt das Alte Testament im Wesentlichen reale geschichtliche Abläufe oder ist es eher eine Art frühzeitlicher »Nibelungen-Sage«? Die Altertumswissenschaften bemühen sich seit rund 200 Jahren, auf diese Frage eine Antwort zu geben. Meist werden zu diesem Zweck die einzelnen im »Buch der Bücher« thematisierten historischen Ereignisse auf ihre Übereinstimmung mit den archäologischen Befunden überprüft.

So sind zahlreiche Altertumsforscher heute der Meinung, der so genannte Exodus, also der Auszug der Juden aus Ägypten unter Moses' Führung, sei keine Tatsachenschilderung. »Es stimmt alles nicht«, urteilt beispielsweise diesbezüglich Professor Seev Herzog von der Universität Tel Aviv.

Es ist noch keine 50 Jahre her, dass Schüler von Jean François Champollion, dem Entzifferer der Hieroglyphen und Begründer der Ägyptologie als Fachwissenschaft, mehrheitlich vehement genau die gegenteilige Sicht vertraten.

Einer von ihnen war der französische Ägyptologe Pierre Montet (1885–1966). Sein wissenschaftlicher Traum war es, den Wahrheitsgehalt der Bibel zu bestätigen – und zwar durch den »Fund der Funde«. Damit meinte Montet die Entdeckung eines zweifelsfrei biblischen Artefaktes. Doch darüber sprach er nur mit wenigen, sehr wenigen Vertrauten.

Eigenen Ausführungen zufolge beauftragte ihn das ägyptische Bildungsministerium in Tanis, Feldarbeit zu leisten. Das wäre äußerst ungewöhnlich. In der Regel müssen vielmehr die Archäologen um eine Grabungskonzession nachsuchen. Skeptisch meint deshalb der Autor Henri Stierlin: »Wahrscheinlich … hat Montet … einen offiziellen Antrag gestellt, in Tanis graben zu dürfen.« Doch warum ausgerechnet in Tanis, einem unscheinbaren Flecken im Nildelta (siehe Bild 37)?

Die Wahl ist das Ergebnis intensiver Studien der alttestamentarischen Beziehungen der Israelis mit Ägypten. Eine von Montets Schlussfolgerungen lautete beispielsweise, dass die biblische Stadt Pi-Ramses im Nildelta identisch sei mit Tanis. Wie wir heute wissen, ist dies nicht zutreffend. Seinerzeit jedoch war diese Schlussfolgerung eines der Motive Pierre Montets (siehe Bild 39), sich für Tanis zu entscheiden. Der Irrtum sollte eines Tages buchstäblich Gold wert sein – aber das konnte der Professor zu diesem Zeitpunkt nicht ahnen.

Von noch größerer Bedeutung ist für den Franzosen, dass Tanis die Residenz der 22. Königsdynastie war. Und gerade diese Dynastie stand im Mittelpunkt seines Interesses. Besonders im Blick hatte er dabei den Begründer des Herrschergeschlechts, Pharao Scheschonk I. – den Schischak des Alten Testaments (siehe Bild 38).

Dort ist aus jüdischer Sicht Betrübliches über diesen Pharao nachzulesen: »Im fünften Jahr des Königs Rehabeam«, steht in der Heiligen Schrift geschrieben, »zog Schischak, der König von Ägypten, gegen Jerusalem. Er nahm die Schätze des Herrntempels und die Schätze des königlichen Palastes fort. Alles raubte er …« (1. Kön. 14, 25 f.)

Ausgehend von dieser Passage machte sich Montet an das zeitaufwändige Quellenstudium. Existierte vielleicht ein vager Hinweis auf dieses kriegerische Ereignis auch in den ägyptischen Annalen? Leider nicht, wie er ernüchtert feststellen musste.

Dann kam die Kehrtwende.

Der entscheidende Hinweis

Im so genannten Karnak-Tempel von Theben stieß Pierre Montet auf ein Dokument von höchstem wissenschaftlichen Wert: An der südlichen Außenmauer prangt ein noch relativ gut erhaltenes Reliefbild. Darauf sind, von Kartuschen umschlungen, die Namen jener 165 Städte und Dörfer zu lesen, die Scheschonks Invasionsheer heimsuchte, brandschatzte und zerstörte.

Damit erwies sich der alttestamentarische Bericht als historische Realität – der ägyptische Überfall hatte also tatsächlich stattgefunden und verlief für Scheschonk siegreich. Entsprechend groß musste nach Montets Überzeugung auch die Beute ausgefallen sein. Genau auf diesen Hort stellten sämtliche Überlegungen und Recherchen Montets ab. Pierre Montet, der unscheinbare Professor mit Nickelbrille, träumte insgeheim von der Entdeckung der Schätze Salomons und des Jerusalemer Tempelhortes!

Wer jetzt freilich denkt, Montet sei ein typischer Studierstuben-Phantast und Träumer gewesen, der muss sich eines Besseren belehren lassen. Der Franzose orientierte sich überwiegend an den historischen Quellen. So erwartete er sicher nicht, sämtliches Gold und Silber aufzufinden, dessen die Ägypter 925 v. Chr. habhaft wurden. Vielmehr war seine Hoffnung, eventuell vorhandene Königsgräber zu lokalisieren – und dort auf Relikte des ursprünglich jüdischen Eigentums zu stoßen. Öffentlich bekundete er seine Meinung: »Wenn man eines Tages die Gräber Psusennes' II. und Scheschonks I. finden sollte, dann sollten wir wirklich nicht überrascht sein, dort Hinweise auf König Salomo oder Reste des Tempels von Jerusalem zu finden.«

Doch das war nur die halbe Wahrheit, die lediglich von seinen wahren Absichten ablenken sollte.

Montets wahre Absichten

Denn tatsächlich zielten Pierre Montets Bemühungen lediglich auf ein einziges Artefakt ab. Wie Kinoheld «Indiana Jones« suchte Pierre Montet den »Fund der Funde« – die mosaische Bundeslade (siehe Bild 36). Und wie »Indy« hielt auch der Franzose aufgrund aller Informationen Tanis für das aussichtsreichste Suchareal.

Während Howard Carter in den Kammern des Tutanchamun-Grabes seiner schweißtreibenden Bergungsarbeit nachging, setzte Pierre Montet erstmals in Tanis den Spaten an. Man schrieb das Jahr 1929.

Wonach aber sollte er suchen? Was war die Bundeslade eigentlich für ein Objekt und wie sah sie aus? Auf was war zu achten? Pierre Montet hatte auf alle diese Fragen sehr präzise Antworten.

Der Befehl kam von Israels Gott Jahwe, der zu Moses sprach: »Verfertigt eine Lade aus Akazienholz, zweieinhalb Ellen lang, eineinhalb Ellen breit und eineinhalb Ellen hoch. Überziehe sie mit reinem Gold von innen und von außen und befestige eine Leiste aus Gold ringsherum.« (Ex. 25, 10 f.) Weiter forderte Jahwe: »Verfertige sodann eine Deckplatte aus reinem Gold, zweieinhalb Ellen sei ihre Länge und eineinhalb Ellen ihre Breite. Stelle zwei Goldkerubim her; als getriebene Arbeit sollst du sie an den beiden Enden der Deckplatte anfertigen.« (Ex. 25, 17 f.) Soweit in Auszügen Gottes Anweisungen an Moses für die Herstellung der Bundeslade.

Obwohl der Bauplan sich durch größte Präzision auszeichnet, gleicht kein Rekonstruktionsmodell dem anderen. Hauptursachen hierfür sind die unterschiedlichen Interpretationen über die Länge der Elle als Maßeinheit sowie verschiedene Auffassungen über das Aussehen und die Bedeutung der Kerubim.

Eines aber ist hundertprozentig sicher: Die Lade war (und ist?) extrem gefährlich. Wie hierzu in der Bibel steht,

- musste, wer sie berührte, hierfür spezielle Schutzkleidung tragen,
- erlitt, wer ihr unbefugt zu nahe trat, Verbrennungen oder Hautausschläge,
- konnte die Lade Epidemien auslösen.

Strittig ist unter Exegeten hingegen, welchem Zweck das Behältnis diente. Die geläufigste Theorie besagt, in ihr seien die beiden Gesetzestafeln mit den Zehn Geboten Gottes transportiert worden.

Pierre Montet wollte darüber Gewissheit schaffen, indem er die Lade fand. Dabei offenbarte er ihm kaum zugetraute »Steherqualitäten«: Ausdauer, Beharrlichkeit, ferner Geduld und Sorgfalt zählten fraglos zu seinen hervorstechendsten Charaktereigenschaften als Ausgräber.

Besonders Geduld und Ausdauer waren in den Tanis-Grabungskampagnen gefordert. Jahr um Jahr verging ohne einen einzigen wirklich bedeutenden Fund. Niemand, der es nicht selbst erlebt hat, kann wohl auch nur ansatzweise ermessen, wie enervierend und frustrierend es ist, eine volle Dekade ohne wirklich wichtige Entdeckung zu graben. Und Montets »Durststrecke« fand kein Ende. Er grub bereits länger als Howard Carter bei seiner Suche nach Tutanchamun. Aber das Glück war ihm nicht hold. Montets Träume verwandelten sich in wahre Albträume. Im Februar 1939 schließlich stand die Welt vor dem zweiten globalen Krieg und in der Öde von Tanis überschlugen sich die Ereignisse.

Alles begann damit, dass die Arbeiter im Zuge der Grabungen auf einen Schacht stießen. An dessen Ende befand sich eine Art Kalksteinplatte, die als »Fußboden« diente, wie das Team mutmaßte. Die Sondierung des Umfeldes ließ aber alsbald Zweifel an der Fundamenttheorie aufkommen. Man wagte kaum auszusprechen, worauf die neuen Indizien hinwiesen: Die Steinplatte könnte Teil einer Deckenkonstruktion sein. »Ein einziger Block fehlte ...«, berichtete der Archäologe später. Durch dieses Loch stieg der Franzose am 27. Februar – und war am Ziel aller Ägyptologenwünsche. Professor Montet betrat das bis dahin unbekannte Grab eines Pharao. Die Inschriften verrieten ihm den Namen des Herrschers: Osorkon, ein König der 22. Dynastie (ca. 945–712 v. Chr.).

Pharaonenschätze am Fließband

Es ist der Beginn einer bis heute in der Ägyptologie unerreichten Entdeckungsserie. Pierre Montet war nämlich auf eine Art »Mini-Nekropole« innerhalb des tanitischen Tempelbezirks gestoßen. Von nun an fand die Mannschaft antike Gräber praktisch in Fließband-Manier. Nach Osorkons Anlage betrat Montet schon am 18. März das Grab Psusennes' II. Bereits in dessen Vorraum stieß er völlig überraschend auf den massiven Silbersarg des Pharao Scheschonk II.

Aber Montets geheimste Wünsche erfüllten sich nicht. Weder fand er Scheschonk I. noch irgendein Artefakt aus den geraubten jüdischen Schätzen – von der Bundeslade ganz zu schweigen.

Vielleicht aus gutem Grund, wie heutige Forscher meinen. So vertritt Richard Andrews in seinem Buch »Tempel der Verheißung« die Auffassung: »Entscheidend ist, ein wie großer Teil des salomonischen Schatzes dem ägyptischen Pharao übergeben wurde und ob dazu auch das wertvollste Stück, die Bundeslade, gehörte. In der Bibel wird sie im Rahmen der

Tributzahlung an Schischak (= Scheschonk I./Anm. d. Verf.) nicht erwähnt.«

Die Israeliten hatten wahrlich auch keinen Anlass, den Verlust ihres heiligsten Gegenstandes in die Welt hinauszuposaunen. Die Wirkung auf die Moral des eigenen Volkes wäre außerdem fatal gewesen.

Gewichtiger ist da schon, was Graham Hancock in seinem Werk »Die Wächter des heiligen Siegels« an Gegenargumenten vorbringt. Er stellt zwar nicht Scheschonks militärische Operation in Frage, weist jedoch nach, dass Jerusalem eigenartigerweise nicht auf der im Karnak-Tempel zu bestaunenden Liste der eroberten und zerstörten Städte aufgeführt ist. Hancock wörtlich: »In der akademischen Welt herrscht Übereinstimmung darüber, dass der Pharao Jerusalem belagert, es aber nie betreten hat. Offenbar konnte sich die Stadt mit den Schätzen aus Salomos Tempel freikaufen. Die Bundeslade aber war sicherlich nicht unter diesen Schätzen, selbst wenn sie sich 926 vor Christus noch immer dort befunden haben sollte.« Ein kühnes Urteil.

Für den neutralen Schatzsucher stellt sich die Sachlage etwas anders dar. So lange nicht das Grab Scheschonks I. zum Vorschein kommt, ist es schwer zu beurteilen, ob die Befürworter oder Skeptiker Recht behalten.

Die Chancen auf eine Entdeckung des Dynastiebegründers stehen besser, als man auf den ersten Blick meinen möchte.

Tanis ist noch fundträchtig

In einem Punkt herrscht unter den Experten weitgehende Übereinstimmung: In Tanis könnte noch so mancher Schatz unter Kemets Erde verborgen sein. Montet selbst äußerte sich zu dieser Frage optimistisch. In seinem Buch »Les Enigmes de Tanis« schreibt er zu dieser spannenden Frage: »Seit die Untersuchung abgeschlossen ist … fragen wir uns immer wieder, wo die anderen Königsgräber der tanitischen Dynastien verborgen liegen.« Montet macht aus seiner Meinung kein Geheimnis. »Wir sind weiterhin davon überzeugt, dass im Tell von San (= Tanisregion/Anm. d. Verf.) noch weitere Königsgräber stecken.« Und der Tanis-Autor Henri Stierlin kommt zu demselben Ergebnis: »Ohne Zweifel«, schlussfolgert er, «ist Tanis als Forschungsobjekt und Grabungsplatz noch lange nicht erschöpft.«

Immer noch klaffen erhebliche Lücken zwischen den Namenslisten der tanitischen Herrscher und den davon aufgefundenen Mumien. Neben Scheschonk I. sind unter anderem Smendes I. und Amenemnes aus dem 21. Herrschergeschlecht sowie Osorkon II. aus der 22. Dynastie zu nennen.

Künftige Archäologen haben also nach Expertenmeinung in Tanis noch sämtliche Chancen. Und vielleicht findet sich ja tatsächlich in der Anlage Scheschonks eine Nebenkammer, die einen golden glänzenden Kasten beherbergt, auf dem zwei gegenüber befestigte, geflügelte Wesen zu sehen sind. Dann weiß man: »Indiana Jones hatte doch Recht!«

Doch nicht nur nach biblischen Beweisen suchen die Forscher unserer Tage. Die altägyptische Religion bietet selbst spannende mythologische Erzählungen, die es durchaus lohnen, ihnen näher auf den Grund zu gehen. Eine davon ist die schaurige Erzählung vom »Kopf des Osiris«. Immerhin: Dabei besteht Aussicht auf Entdeckung eines Gottes. Nein, nicht eine Götzenstatue, sondern den Gott *persönlich*. Auf der Suche werden wir auch auf einige alte Bekannte stoßen. Aber das alles zusammen ergibt freilich wieder eine ganz andere Geschichte …

17
Der Kopf des Osiris

Auf der Suche nach einem echten Gott:
Der Kopf des Osiris ist die geheimnisvollste Reliquie
des alten Ägypten – oder sogar mehr?

Unruhe kam 1999 auf in der Ägyptologen-Gemeinde. Auslöser war wieder einmal SCA-Chef Dr. Zahi Hawass. Die Zeitschrift »National Geographic« vermeldete – selbstverständlich exklusiv –, Hawass habe »das Grabmal des Osiris« bei den Pyramiden von Giseh entdeckt.

Das Grab des Osiris! Mit Sicherheit ist die Suche nach dieser Gruft die längste Fahndung in der Geschichte der Menschheit. Sie dauert nämlich bereits 4000 Jahre. Mindestens.

Es muss sich also um einen wirklich lohnenden Schatz handeln, wenn Relic-Hunter aller Epochen hinter ihm herjagten und herjagen. Das Paradoxe daran ist, dass wir noch nicht einmal wissen, worin der Schatz eigentlich genau besteht. Denn diesmal geht es nicht um Gold und Geschmeide. Wer oder was war dieser Osiris eigentlich? Die Antworten fallen recht unterschiedlich aus:

- Der ersten Dynastie gehörten »sieben göttliche Herrscher« an, darunter Osiris. Seine Regierungszeit betrug 450 Jahre, hat der antike Chronist Manetho in Erfahrung gebracht.
- »Osiris ist gewiss der bekannteste der ägyptischen Götter«, so die Meinung des Altertumswissenschaftlers Georges Sauneron.
- Der Forscher Harald Stöber will hingegen in Osiris einen prädynastischen König erkennen.

Osiris war demnach ein Gott, zumindest ein Halbgott, ergo ein Überirdischer, vielleicht am Ende sogar ein Außerirdischer, wie einige Autoren vermuten.

In jedem Fall wäre der »Halbgott-Götterastronaut-Methusalem-König« fraglos ein Fund, der bisher nicht seinesgleichen auf unserem Globus hätte, denn wer hat schon einmal die Gelegenheit gehabt, einen Gott auszugraben? Die Suche nach Osiris ist deshalb unter den Jägern verlorener Schätze ein absoluter Geheimtipp.

Doch wieso soll es überhaupt möglich sein, einen *Gott* zu finden? Die Begründung liefert die ägyptische Mythologie. Dieser Erzählung zufolge soll Osiris von seinem Bruder Seth ermordet worden sein, um selbst die Macht an sich zu reißen. Nach dem gelungenen Attentat zerstückelte Seth den Leichnam und verstreute die einzelnen Körperteile über die ägyptischen Gaue. So fiel der Legende nach der »Kopf des Osiris« in den achten oberägyptischen Gau – genau nach Abydos.

Ist der Kopf ein Topf?

In der Osiris-Mythologie kommen aber zwei Varianten vor: Einmal wird der Kopf im Sinne des gesamten Körpers gebraucht, dann wieder ist der Kopf ein separater Gegenstand. Im »Lexikon des alten Ägypten« von Guy Rachet steht dazu: »Was die Natur des Kopfes des Gottes und seinen reellen Ursprung betrifft, so ist man dabei auf Hypothesen angewiesen. Es scheint jedoch wahrscheinlich, dass es sich nicht um einen mumifizierten menschlichen Kopf handelte, sondern eher um ein Symbol. Der Kopf war wohl in einem Korb oder einem Tonkrug aufbewahrt worden, wobei man vielleicht diesen Behälter mit dem vermeintlichen Inhalt identifiziert oder lediglich ein Bild (vielleicht aus Papyrus) eines Kopfes darin eingeschlossen hatte.« In einem Satz: Genaues weiß man nicht. Es verhält sich wie mit Osiris selbst. Seine einwandfreie Klassifizierung als Monarch, Halbgott oder Gott ist nicht möglich. Allein seine spätere Verehrung als Gott des Totenreichs ist gesichert.

Und genauso lückenhaft ist die Definition des Kopfes. Einmal ist er ein Teil der Mumie, ein anderes Mal ist der Begriff im übertragenen Sinne zu deuten.

Aber wie realistisch ist die Suche? Angesichts einer 4000-jährigen Jagd wäre es vermessen zu behaupten, die Aussichten seien brillant. Das Hauptproblem dabei ist, dass sogar bereits untersuchte Gebiete nicht aus der Liste der Suchareale herausgenommen werden können. Ursache hierfür sind die völlig veränderten Arbeitsmethoden. Die früheren Grabungen zeichneten sich nicht durch den heutigen archäologischen Sorgfaltsstandard aus. Hinzu kommt – und das sollte man nicht unterschätzen: Noch nie zuvor hat man über höherentwickelte technische Gerätschaften verfügt als in unseren Tagen. Die Sondierungsmöglichkeiten sind also weitaus vielfältiger und erfolgversprechender.

Ein Grabungserfolg wäre eine Sensation, denn der Kopf des Osiris muss für die Ägypter von enormer Bedeutung gewesen sein. Anders lässt es sich nicht erklären, dass sie seinem Leichnam bereits in der ersten Blütezeit ihrer Kulturgeschichte, dem Alten Reich, fieberhaft nachspürten. Sie begannen mit ihrer Suche selbstverständlich dort, wo ihnen die Grabung am aussichtsreichsten erschien.

Die Spur führt nach Abydos

Und das war gemäß der altägyptischen Mythologie eben Abydos.

Abydos entwickelte sich rasch zum religiösen Zentrum des Osiris-Kults. Ähnlich wie im Fall von Mekka pilgerten jährlich Tausende zu den abydenischen Anlagen, um an diesem heiligen Ort ihrem obersten Totengott zu huldigen. Der, das wusste man, sollte sich zwar auch hier irgendwo befinden (bzw. dessen Kopf), aber aus unerklärlichen Gründen war die genaue Lage seiner Ruhestätte nicht mehr präsent.

Das beunruhigte die Herrschenden (aus ebenfalls unbekannten Motiven) anscheinend sehr. Bereits im Alten Reich, also zur Zeit der Pyramidenbauer wie Djoser und Cheops, erteilten sie Order, umgehend Suchgrabungen nach Osiris durchzuführen. Die Folge: Die alten Ägypter betrieben Archäologie in eigener Sache und pflügten den Untergrund.

Fündig wurden die »Ägyptive« des Altertums nicht wirklich. Wie sonst soll man sich erklären, dass eines der in Abydos bereits vorhandenen Königsgräber kurzerhand »als Osiris-Grab deklariert und mit Granitbett und Osiris-Statue geheiligt« wurde. Dabei handelte es sich um das Grab des Königs Djer aus der 1. Dynastie. In totalitären Regimen gibt es eben keine Misserfolge.

Oder war die gesamte Suchaktion lediglich ein Camouflage-Lehrstück? Ein Täuschungs- und Tarnmanöver, um den wahren Aufbewahrungsort des Osiris zu verschleiern? Wie ich bereits im Kapitel »Der Pyramiden-Bluff« beschrieben habe, neigten die alten Ägypter gerne zu derartigen Vernebelungsstrategien.

Gewichtige Gründe sprechen dafür, denn um 1285 v. Chr. lässt Pharao Sethos I. einen neuen, in dieser Architektonik einmaligen Bau für Osiris errichten – das »Osireion« (siehe Bild 43). Der Bau wäre allein schon ein Kapitel wert, gehen doch über kaum eine andere Anlage Kemets die Meinungen der Fachwissenschaftler weiter auseinander. Diese Ansichten lassen sich grob gerastert in drei Gruppen bzw. drei Lehrmeinungen einteilen:

Die erste Gruppe betrachtet das Bauwerk als persönliches Kenotaph (Scheingrab) Sethos' I. Dagegen hält eine zweite

Expertenrunde das Osireion für einen Nachbau des mythischen Osiris-Grabes. Zu den Vertretern dieser Richtung gehörte auch der verstorbene deutsche Ägyptologe Walther Wolf. Ein drittes Expertenteam von Wissenschaftlern hält die Bestimmung des Osireions (und kommt damit der Wahrheit vielleicht am nächsten) schlicht für unklar. Prominentester Vertreter dieser Linie ist der bekannte Ägyptologe und Romancier Christian Jacq, der in seinem Buch »Die Pharaonen. Große Herrscher des alten Ägypten« meint: Das Osireion ist »das rätselhafteste Monument des Landes«. Aber das ist längst nicht alles. Jacqs Landsmann, der Franzose Edouard Naville, resümierte bereits 1914 nach zweijährigen Studien am Osireion, dass der Bau aus einer sehr frühen Epoche stammen müsse, also lange Zeit vor der Regierungsphase Sethos' I. errichtet wurde. Der Professor vom *Egypt Explorations Fund* kam später sogar zu der Ansicht, im Osireion das älteste ägyptische Bauwerk überhaupt zu sehen. Grund hierfür ist die angesprochene Architektur. Der Komplex wurde in megalithischer Bauweise errichtet. Sie wurde zuvor nur ein einziges Mal angewendet, nämlich in Giseh (Altes Reich).

Das Osireion enthielt eine Halle, in der eine künstliche Insel von Wasser umflossen wurde. Hier fand der Mythologie nach die Göttin Isis den Kopf des Osiris und war dadurch in der Lage, die zerstückelte Leiche des Totengottes mittels Mumifizierung wieder zusammenzufügen.

Doch was wurde aus dem Kopf des Osiris?

Die ersten neuzeitlichen Expeditionen des Jesuiten C. Sicard 1718 und des Franzosen Tourtechot Granger 1726 erwähnen keinen Fund. Das überrascht nicht – sicher haben die ägyptischen Priester diese Reliquie gut versteckt, als das Ende ihres Kults sich unumkehrbar abzeichnete.

Vielleicht wurde man bisher aber auch deshalb nicht fündig, weil sich der Kopf des Osiris gar nicht mehr in Abydos befindet. Denn es gibt noch eine zweite, äußerst vielversprechende Spur über den Verbleib des Kopfes. Sie führt in das Tal der Könige – und ist uns bereits bestens vertraut!

Die KV-17-Alternative

Gemeint ist KV 17, das Grab Sethos' I. mit der geheimnisvollen »Passage K«. Sethos war ein glühender Anhänger des Osiris-Kults und ließ »seinem« Gott zu Ehren in Abydos (angeblich) nicht nur das Osireion errichten, sondern zugleich auch einen großdimensionierten Tempel.

Angesichts dieser Aktivitäten stellt sich unwillkürlich die Frage, wie weit Sethos' Verehrung für den Totengott reichte. Wollte er gar am Ende seiner Tage eine gemeinsame Ruhestätte mit Osiris haben? Diente insofern seine »Bauwut« in Abydos nicht nur der bereits angesprochenen Verehrung, sondern primär der Vertuschung? Im Klartext: Wollte Sethos »seinen« Gott Osiris im Jenseits für sich allein besitzen? Auszuschließen ist das angesichts von Sethos' Lobpreisung für den Totengott keinesfalls.

Demgemäß ist damit zu rechnen, dass am Ende des Ganges eine miniaturisierte Form der beschriebenen Halle im Osireion zum Vorschein kommt. Darin steht wohl ebenfalls ein Sarkophag, der von Wasser umflutet wird, welches sich aus dem vom Nilstand abhängigen Grundwasserspiegel speist. In dem Sarkophag könnte sich dann die Osiris-Mumie selbst befinden – oder auch lediglich der Kopf.

In eine ähnliche Richtung gehen auch Überlegungen der *Terra X*-Autorin Helga Lippert. Unter dem Titel »Operation Sethos: Mit Hightech ins Grab des Pharao« schreibt sie: »Wie seine Anlage in Abydos – das Osireion – zeigt, strebte Sethos I. danach, mit dem Urstrom verbunden zu sein. Vielleicht liegt am Ende des Tunnels eine ähnliche Kammer wie in jenem Tempel. Vielleicht ließ er dort eine Maske oder eine Statue deponieren.« Lippert liefert auch gleich eine plausible Theorie für ihre diesbezüglichen Überlegungen mit, indem sie fortfährt: »Für den Fall, dass seine Mumie gestohlen oder zerstört wurde, konnte nach dem Verständnis der Zeit das goldene Abbild des Pharao stellvertretend für ihn zum letzten Gericht vor die Götter treten.«

Selbstverständlich sind das Osireion und KV 17 nur zwei mögliche Suchclaims. Allein in Abydos existieren noch (mindestens) zwei Areale, die eine neuerliche Untersuchung lohnen könnten: der Khontamenti-Tempel und das Grab des Königs Djer (Grab O).

Aufgrund seiner augenfälligen Konfiguration und seines Namens steht das Osireion im Zentrum des Interesses bei der Suche nach der Ruhestätte des Osiris-Kopfes. Das ist auch einleuchtend. Allerdings könnte sich die Fixierung auf dieses Bauwerk als Schuss ins eigene Feld erweisen, wie ich bereits anhand von KV 17 aufgezeigt habe. Die alten Ägypter waren schlau. Mit dem Khontamenti-Tempel könnten sie zwei Fliegen mit einer Klappe geschlagen haben. Einmal würde sich der Kopf entsprechend der Osiris-Mythologie in Abydos befinden. Zum anderen aber würde hinter dem Namen Khontamenti niemand Osiris vermuten.

Doch genau das ist der Fall!

Khontamenti = Osiris?

So weit nämlich die ägyptologischen Erkenntnisse zutreffen, war Khontamenti mythologisch der direkte Vorläufer des Osiris. Laut Guy Rachet nahm Osiris in seiner Eigenschaft als Totengott »die Totengottheiten der ägyptischen Nekropolen in sich auf, insbesondere Chontamentiu, der ›Herr der Westlichen‹ in Abydos ...«. Der schakalgestaltige Khontamenti ist also eine Art »Ur-Osiris« und war zugleich »Herr der Totenstadt von Abydos«, der späteren »Osiris-City«.

Die Überreste des Khontamenti-Tempels von Abydos sind äußerst spärlich. Kaum ein Tourist nimmt überhaupt Notiz von ihnen. Das nimmt nicht Wunder. Wie der Ethnologe Peter H. Schulze feststellt, war der Tempel des Khontamenti ein »schlichtes, aus Nilschlammziegeln errichtetes Bauwerk von 8 m Breite und etwa 20 m Tiefe.« 20 Meter Tiefe war für die Frühzeit der ägyptischen Hochkultur eine reife Leistung! Warum, fragt man sich unwillkürlich, diese auffällige Fundamentierung für ein derartiges »Klein-Heiligtum«? Sollte etwas unter dem Tempelboden versteckt werden – oder sogar noch unterhalb des Fundaments? Dort, so sagte man mir, hat es noch keinerlei Sondierungen gegeben. Die könnten sich wahrlich lohnen.

Ähnlich verhält es sich mit dem Grab des Königs Djer. Selbstverständlich ist das Mausoleum bereits eingehend untersucht worden. Doch es könnte nicht schaden, das Grab einer Nach- und Kontrollgrabung zu unterziehen – immerhin war es für die Ägypter des Alten Reiches das tatsächliche Osiris-Grab beziehungsweise der Aufbewahrungsort seines Kopfes. Sollte das wirklich nur Zufall sein?

Der Abydos-Zwischenfall

Wie lohnend derartige Nachgrabungen sein können, wurde erst unlängst wieder publik. Im September 2003 berichtete das populärwissenschaftliche Ägypten-Fachblatt »Kemet«: »... in der Umgebung der Grabanlage des Königs Dewen (1. Dynastie), dem Enkel von Pharao Djer«, wurde »bei Reinigungsarbeiten ein kleiner Schatz ...« entdeckt. Immerhin gehörten auch Gold und Silber zu dem Fund.

Aber steckte sogar noch mehr dahinter? Beim DAIK hängt man die Sache zwar tief – doch wohl nur, um keinen Ärger mit dem SCA zu bekommen. Denn eigenartigerweise wurde der Miniatur-Hort noch vor der archäologischen Befundung beschlagnahmt – von einer wissenschaftlichen Analyse und Auswertung der Artefakte gar nicht zu reden.

Dieses absolut unübliche Gebaren seitens der ägyptischen Behörden ist bis heute nicht aufgeklärt worden. Unleugbar stellt aber das ungewöhnliche Verhalten der Altertümerverwaltung, eine Fundsituation vor der vollständigen archäologischen Dokumentation zu verändern, eine »wissenschaftliche Todsünde« dar. Steht sie vielleicht in direktem Zusammenhang mit einem weiteren Objekt des Schatzfundes? Zu den Artefakten soll dem Vernehmen nach auch eine Osiris-Statuette gehören. Glauben die Altertümerwächter, dass sie eine Inschrift in Bezug auf Osiris' Kopf enthält?

Vielleicht steht aber auch KV 5 in Verbindung mit der Reliquie. KV 5 wurde 1989 im Tal der Könige von dem amerikanischen Ägyptologen Kent Weeks wiederentdeckt. Mitte der neunziger Jahre geriet die unterirdische Felsenanlage dann in die Schlagzeilen. Der Grund: Die Ausgrabungen hatten ergeben, dass die ursprünglich auf vier oder fünf Räume taxierte Gruft rund 150 Kammern – vielleicht sogar noch mehr – umfasst. Damit entpuppte sich KV 5 als das größte jemals in Ägypten lokalisierte Mausoleum! Zum Vergleich: Die Ruhestätte Tutanchamuns besitzt gerade einmal mickrige vier Kammern.

Für wen aber war diese Supergruft erdacht und angelegt worden? Als Bauherr wurde Ramses II. identifiziert, der Sohn des Osiris-Verehrers Sethos. Doch Ramses hatte für sich selbst ein anderes Grab, KV 7, anlegen lassen. Er schied also rasch als Nutzer aus. Die Lösung erbrachten schließlich im Schutt aufgefundene Alabasterfragmente und die Analyse von Wandzeichnungen. Ddurch kam Weeks' Team zu dem Schluss, dass in KV 5 die Söhne des großen Ramses beigesetzt wurden.

Aktenzeichen KV 5 ungelöst

An dieser Theorie sind zwischenzeitlich aus Fachkreisen berechtigte Zweifel angemeldet worden, denn bislang konnten insgesamt erst fünf Söhne namentlich in KV 5 nachgewiesen werden. Hinzu kommt, wie der Ägyptologe Aidan Dodson von der Universität Bristol vermerkt: »Die über 70 Kammern entlang der Korridore sind ... zu klein für einen Sarg. Außerdem wird wohl niemand ernsthaft glauben, dass die Ägypter KV 5 bis zum Tode auch des letzten Ramses-Sohnes über Jahrzehnte für Bestattungen offen gehalten haben, bzw. die versiegelte Eingangsmauer für jedes neue Begräbnis wieder einrissen.«

Aber KV 5 hält noch weitere Rätsel bereit – und mindestens eines betrifft Osiris. Wir wissen nicht, ob es Zufall oder Absicht ist, jedenfalls konnte bisher nur eine einzige halbplastische Statue in dem Riesengrab registriert werden. Sie wurde am Ende von Gang 7 aus dem Fels gemeißelt und zeigt – Osiris. Sicher: Osiris war der Totengott. Somit ist seine Abbildung eigentlich nichts Außergewöhnliches. Aber dass ausschließlich dieses 1,60 Meter hohe Unikat geschaffen wurde, ist zumindest bemerkenswert. Um so mehr, wenn man es in Beziehung setzt zu der bislang auffälligsten Abweichung von der sonst üblichen Grabarchitektur.

Die rätselhaften Korridore

Hierzu äußert Aidan Dodson: »Am ungewöhnlichsten sind die beiden Korridore, die am Eingang vorbei unterirdisch zurück ins Tal führen.« Dodson weiter zu den Korridoren: »Wo sie enden, weiß bis heute noch niemand.« Das erinnert an die Passage K von KV 17. Verhält es sich mit KV 5 ähnlich? »Zumindest scheinen sie zum Grab Ramses' II. (KV 7) diagonal gegenüber von KV 5 zu führen«, schlussfolgert der Brite aus dem bisher bekannten Bauplan. Und dann lässt er die Katze aus dem Sack: »Man schließt nicht aus«, behauptet der Altertumsforscher, »dass beide Grabmäler einst miteinander verbunden waren.«

Was erwartet die Ausgräber in dieser möglichen geheimen Verbindung? Denken wir an die Osiris-Statue. Ist sie ein stummer Hinweisgeber? Könnte in dieser Passage der lang gesuchte Kopf des Osiris zu finden sein? Warten wir die weitere Entwicklung ab. Erst einmal muss die angenommene Verbindung auch gefunden werden. Vor voreiligen Schlüssen wird deshalb gewarnt.

Voreilige Schlüsse haben beabsichtigt oder unbeabsichtigt vielleicht auch jene Historiker gezogen, die behaupten, Julius Cäsar, der gleichermaßen berühmte wie umstrittene römische Staatsmann und Feldherr, trage die Schuld an einem der größten kulturellen Unglücke aller Zeiten. Doch die Indizien lassen die Experten mehr und mehr daran zweifeln. Aber das ist, wie Sie sich sicher bereits vorstellen können, wieder eine völlig andere Geschichte …

18
Das Alexandria-Märchen

Verbrannt oder vergraben? Ein Irrtum der Geschichtsforschung schützt die Schriftrollen der »Großen Bibliothek« bis heute.

Am 16. Oktober 2002 war es endlich so weit: In Anwesenheit ranghoher Politiker und Honoratioren aus aller Welt eröffnete der ägyptische Staatspräsident Hosni Mubarak in einem pompösen Festakt den Neubau der Bibliothek von Alexandria. Damit ist der Nil-Staat nach 2000 Jahren zwar nicht wieder »*das* Zentrum des Wissens«, aber immerhin wieder »*ein* Zentrum des Wissens«.

Gleichwohl: Der Bildungs- und Erkenntnisschatz, der zusammen mit der ersten »bibliotheca Alexandrina« zerstört wurde, bleibt für immer unwiederbringlich verloren.

Dieser Hort frühzeitlichen menschlichen Forschens und Denkens bestand selbstverständlich nicht aus Gold- und Silberbarren. Die »Barren der Weisheit« waren vielmehr beschriftete Papyri. Je nach herangezogener Quelle umfasste der Bestand der Bildungseinrichtung geschätzte 400 000 bis 700 000 derartige Schriftstücke und Buchrollen. Darunter befanden sich auch die bedeutendsten naturwissenschaftlichen und philosophischen Erkenntnisse des Altertums, wie etwa die Berechnungen des Euklid und Pythagoras, die vielen von uns die Freude an der Schulzeit doch etwas trübten.

Das alles wurde ein Raub der Flammen – in nur einer Nacht des Jahres 48 v. Chr. Mutmaßlich lag der Brandherd an der »Corniche«, der Uferpromenade, wahrscheinlich nur gut 100 Meter entfernt vom Standort der unlängst neu eröffneten Bibliothek. Wie kam es zu dieser Katastrophe – noch dazu ohne Rettungsmaßnahmen?

Cäsar ante portas

Geschichte besteht nicht aus Jahreszahlen, wohl aber aus Zusammenhängen. Ohne den römischen Bürgerkrieg wäre die alexandrinische Bibliothek so nicht zerstört worden. Doch mit dem Ende der Schlacht von Pharsalos am 9. August 48 v. Chr. war praktisch auch ihr Schicksal schon besiegelt. An diesem Tag triumphierte der römische Staatsmann und Feldherr Gaius Julius Cäsar (siehe Bild 41) in der griechischen Ebene über das gleichfalls römische Heer seines Bürgerkriegs-Widersachers und ehemaligen Schwiegersohnes Gnaeus Pompeius.

Letzterer floh daraufhin von Griechenland nach Ägypten. Pompeius hatte sein Fluchtziel mit Bedacht gewählt. Gleich zwei Hoffnungen waren es, die er an das Nilland knüpfte:

- Schutz vor dem herannahenden Gaius Julius und
- Truppenunterstützung für seinen weiteren Kampf.

Die Aussichten, beide Ziele zu erreichen, konnte sich der Römer unschwer ausrechnen, standen nicht schlecht. Immerhin hatte Pompeius dem Vater des Kindkönigs vor Jahren in Rom Gastfreundschaft gewährt. Ptolemäus würde das sicherlich honorieren. Kindkönig Ptolemäus XIII. ließ Pompeius kurzerhand töten.

Stolz präsentierte der Knabe dem vier Tage nach der Schandtat eintreffenden Cäsar die vom Arm abgetrennte Hand Pompeius' sowie dessen Siegelring – in der seinerseits irrigen Annahme, Rom würde ihn dafür bei den Zwistigkeiten mit seiner Schwester, Gemahlin und Thronrivalin Kleopatra (siehe Bild 42) unterstützen. Im Klartext: Der 13-Jährige spekulierte darauf, von Cäsar für die Tötung Pompeius' im Gegenzug als Alleinherrscher über Ägypten anerkannt zu werden. Der Rest ist bekannt. Cäsar und Kleopatra wurden das vielleicht bekannteste Liebespaar der Weltgeschichte. Doch damit war die Sache nicht erledigt. Der 13-jährige Regent und seine Berater gaben sich längst noch nicht geschlagen – im Gegenteil:

»Cäsar musste sehr bald feststellen«, schreibt der Kleopatra-Biograph Joachim Brambach in seinem Buch »Kleopatra: Herrscherin und Geliebte« zutreffend, »dass er seine Gegner gründlich unterschätzt hatte.« Denn obwohl sich Ptolemäus XIII. in römischem Gewahrsam befand, ließ er sein immerhin 20 000 Mann starkes Heer auf Alexandria marschieren, wo Julius Cäsar lediglich über 4000 Legionäre verfügte. Dem erfahrenen Taktiker und Strategen war sofort bewusst, dass er mit diesem Truppenkontingent gegen die fünffache Übermacht des Ptolemäus-Generals Achillas Alexandria nicht würde halten können. Der Römer verschanzte sich deshalb im Palastviertel und am Hafen, wo herbeigerufene Verbündete anlanden konnten.

Flammendes Inferno

General Achillas, sich seiner erdrückenden Übermacht bewusst, ließ beide Bezirke gleichzeitig und frontal angreifen. In dem zur Festung umgebauten Palast-Stadtteil konnten sämtliche ptolemäischen Angriffswellen für die römischen Legionäre erfolgreich und für die Ägypter verlustreich abgewehrt werden.

Diametral entwickelten sich die Kampfhandlungen im Hafenbereich. Unter dem berühmten Leuchtturm auf der Insel Pharos, einem der sieben Weltwunder des Altertums, wurden erbitterte Gefechte geführt. Schließlich waren die römischen Positionen dort so bedroht, dass Cäsar sämtliche Schiffe und

Werften in Brand setzen ließ. Hierzu führt der Autor Hans Volkmann in seiner Kleopatra-Biografie »Kleopatra: Politik und Propaganda« aus: »Der Brand griff auf die nahe gelegene Bibliothek über und vernichtete 400 000 Bücherrollen, für die Wissenschaft ein unersetzlicher Verlust« (siehe Bild 40).

So wie Volkmann haben auch Hunderte von Romanciers und Wissenschaftlern zuvor und danach den Historien-Super-GAU geschildert – und so hat er sich wahrscheinlich nie zugetragen.

Erste Zweifel

Das ist jedenfalls die Meinung einer wachsenden Zahl von Forschern. Und tatsächlich: Es ist zumindest auffällig, dass Julius Cäsar den Brand völlig unter den Teppich kehrte. Nicht ein Wort des Bedauerns über den Verlust der einmaligen Bildungseinrichtung hielt er für notwendig.

Cäsar ist für sein Schweigen häufig kritisiert worden. Doch der bereits erwähnte Kleopatra-Chronist Joachim Brambach meint hierzu: »Sollte der Brand der Bibliothek, wie vielfach angenommen, eine Erfindung späterer Zeiten sein, so würde dies natürlich Cäsars Schweigen auf recht einfache Weise erklären.«

Auch Professor Michael Grant von der Universität Edinburg schrieb diesbezüglich bereits 1977: »Die Feuersbrunst zerstörte eine große Zahl von Büchern, aber nicht die berühmte alexandrinische Bibliothek, wie man oft angenommen hat, sondern wahrscheinlich eine Sendung, die entweder für die Bibliothek oder die Verschiffung ins Ausland bestimmt war.«

Der Brand der »bibliotheca Alexandrina« eine »Erfindung späterer Zeiten«? Wie sollte das möglich sein? Die Historiker schwärmten in die Archive – und kamen mit völlig neuen Erkenntnissen zurück. Mit Erkenntnissen, die unsere Vorstellung über das Ende des größten Wissenszentrums der damals bekannten Welt auf den Kopf stellen.

Licht im Dunkel der Archive

Insgesamt wurden bis heute 16 antike Verfasser ausfindig gemacht, die sich mit den alexandrinischen Kriegen befassten, beziehungsweise darauf Bezug nahmen.

- An erster Stelle ist hier natürlich das Werk »Bellum civile« Julius Cäsars zu nennen. Wie bereits erwähnt, ist darin aber von einem Bibliotheksbrand keine Rede. Allerdings: vielleicht nur deshalb, weil es immer unfertig blieb.
- Auch Zeitgenossen Cäsars, wie Cicero und Strabon, erwähnen den Gebäudekomplex im Zusammenhang mit den Kampfhandlungen mit keiner Silbe.
- Erst Seneca (ca. 4 v. Chr.–65 n. Chr.) schreibt von einem Feuersturm, bei dem allerdings »lediglich« 40 000 Rollen vernichtet worden sein sollen – nur ein Bruchteil des Bibliotheksbestandes.
- Und sogar Plutarch (46–125 n. Chr.), der das Übergreifen der Flammen von den Schiffen im Hafen auf die Bibliothek beschreibt, geht nicht von einer kompletten Zerstörung aus. Er betont vielmehr, dass die Einrichtung weiter bestand.

So ergab sich, nachdem die Historiker wieder aus den muffigen Archiven heraustraten, folgendes neues Bild: Von den 16 Autoren, die den alexandrinischen Krieg überhaupt erwähnt haben, wird bei über der Hälfte die angebliche

31 *Nach einem schweren Unwetter in Theben: Die Wassermassen haben einen See gebildet. Gespeist werden die Fluten unter anderem durch Sturzbäche im thebanischen Gebirge. Einer dieser Wasserfälle führt zur Königin Isis-Nofret.*

32 *Blick in das einst mit Pharaonenschätzen förmlich übersäte Tal der Könige. Aber noch längst ist das Wadi nicht fundleer.*

36 *Moses vor der Bundeslade. Ist sie in Tanis zu finden? Nicht nur Filmheld »Indiana Jones« glaubte daran …*

Linke Seite

33 Oben links: *Glaubt ebenfalls nicht, dass das Tal der Könige fundleer ist: der englische Ägyptologe Nicholas Reeves. Hier während eines Interviews mit dem Autor fotografiert.*

34 Oben rechts: *Irgendwo in Ägypten gelingt täglich ein Altertumsfund. Hier wird in Luxor eine Statuen-Cachette fachmännisch freigelegt.*

35 Unten: *Die »Grabräuberhochburg« Kurna. Hier wohnte auch Achmed abd el-Rassul, der Entdecker der ersten Cachette.*

37 *Blick auf die Ruinen von Tanis. Hier fand Pierre Montet den zweitgrößten Pharaonen-Hort aller Zeiten.*

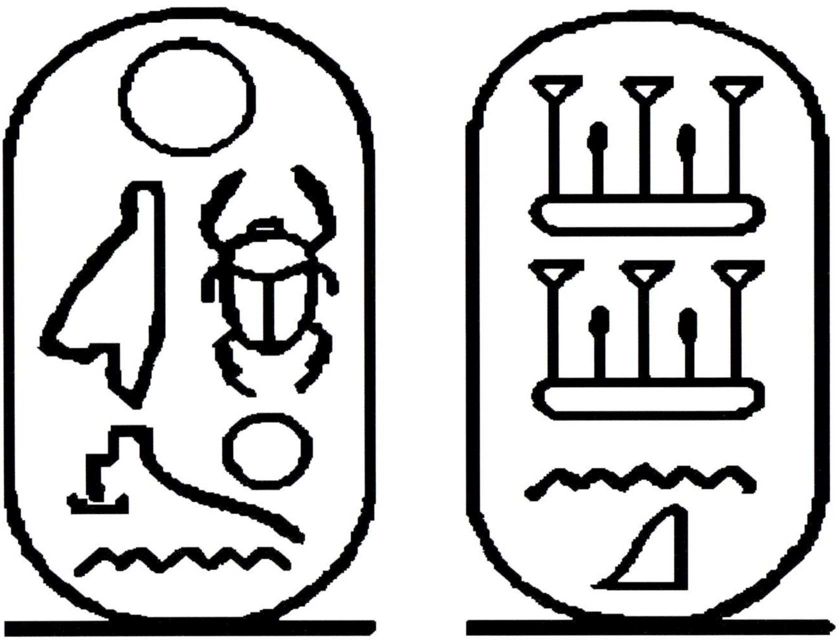

38 *Die Namenskartusche von Pharao Scheschonk I. Hat er die Bundeslade nach Ägypten entführt?*

39 *Pierre Montet (1885–1966). Auf den Spuren der Lade Jahwes entdeckte er das Gold der Pharaonen.*

40 *Künstlerische Darstellung des Brandes der »Großen Bibliothek« von Alexandria. Die Frage aber ist, ob das flammende Inferno überhaupt stattgefunden hat.*

41 *Julius Cäsar wird häufig von Historikern die Schuld am Brand der »Großen Bibliothek« von Alexandria zugesprochen. Die alten Quellen sprechen eine andere Sprache.*

42 *Kleopatra VII., Ägyptens letzte Monarchin, soll Julius Cäsar wegen der Zerstörung der Rollensammlung von Alexandria heftige Vorwürfe gemacht haben.*

43 *Das Osireion von Abydos. Wurde darunter der legendäre »Kopf des Osiris« deponiert?*

Bibliotheksvernichtung nicht einmal eines Wortes gewürdigt. Bei den restlichen Verfassern sind die Angaben oft ungenau und widersprüchlich. Und selbst bei dieser Gruppe findet sich kein Chronist, der von der totalen Zerstörung der Bildungsstätte ausgeht.

Damit stand praktisch fest, dass die Theorie, derzufolge der römische Staatsmann Julius Cäsar die Schuld an der Brandkatastrophe trug, kaum mehr zu halten ist. Aber damit nicht genug. Die größte Überraschung in diesem Kriminalfall sollte erst noch bevorstehen.

Strabon bringt es an den Tag

Die Geschichtswissenschaft suchte nämlich anhand der Quellen nach dem Standort der Großen Bibliothek. Besonders hilfreich war hierbei Strabons »Geographia«. Darin schildert der Gelehrte ausführlich und präzise das Hafenviertel von Alexandria. Nicht mit in der Aufzählung erwähnt wird allerdings die Große Bibliothek. Das heißt, das Wissenszentrum war gar nicht im Bereich des Hafens angesiedelt. Vielmehr verdichtet sich die heute verbreitete Forschermeinung, dass die Bibliothek wohl eher in das Palastviertel integriert gewesen war. Wenn aber das Feuer vom Hafen auf die Bibliothek übergegriffen hätte, müssten auch große Teile der Stadt in Schutt und Asche gelegt worden sein, nämlich jene Bereiche, die zwischen diesen beiden Vierteln lagen. Davon aber berichtet ebenfalls nicht ein einziger Chronist! Somit scheidet diese Variante wohl definitiv aus.

Die einzig logische Schlussfolgerung aus dieser Faktensumme lautet: Der Brand der Großen Bibliothek hat entgegen weitverbreiteter Meinung nicht stattgefunden. Zumindest nicht 48 vor Christus. Und spätestens an dieser Stelle kommt bei echten Abenteurern Spannung auf, denn es stellt sich die Frage: Was ist wirklich mit den Schriftrollen der Großen Bibliothek passiert? Mit unserem heutigen Erkenntnisstand bleibt uns nur die Feststellung: Wir wissen es nicht. Diente etwa die Legende vom Bibliotheksbrand lediglich als Camouflage-Aktion à la Cheops, die man später erfand, um den wahren Unterbringungsort der einzigartigen Dokumente geheim zu halten? Wurden die Papyri etwa ausgelagert, um sie vor herannahenden Feinden in Sicherheit zu bringen?

Falls dem so war, könnte noch heute zumindest ein erklecklicher Teil des Bestandes irgendwo auffindbar sein. Auch in diesem Fall gibt es Ansätze für Nachforschungen. Weitere Quellen besagen nämlich, dass Teile der Rollensammlung erst im Zuge der Islamisierung, also um 642 n. Chr., in die Kalifen-Bibliothek integriert wurden.

Gleichwohl erheben die Historiker auch dagegen Einwände. Es hat nämlich den Anschein, dass diese Version lediglich eine Art »Propaganda-Story« zur Rechtfertigung der Kreuzzüge ist – also eine Legende des christlichen Mittelalters darstellt.

Höheren Wahrheitsgehalt scheinen da schon Überlieferungen zu besitzen, die über Kampfhandlungen im 2. Jahrhundert berichten. So schreibt der Chronist Dio Cassius von kriegerischen Auseinandersetzungen in der Hafenstadt. Auch andere Gelehrte dokumentierten (teilweise sogar mehrfache) Kämpfe mit Brandfolge. Im Rahmen dieser Auseinandersetzungen hat man angeblich auch das alte Palastviertel zerstört – und mit ihm die Große Bibliothek. Nicht bekannt ist freilich, ob dabei sämtliche Schriften ein Raub der Flammen wurden.

Fest steht jedenfalls eines: Der Verbleib der alten Papyri ist zumindest in weiten Teilen völlig ungeklärt, weil die bisherige Lehrmeinung darüber mit den historischen Abläufen und Örtlichkeiten nicht in Einklang steht. Selbst wenn nur ein kleiner Teil des Bestandes überdauert hätte, wäre das eine wahre Sensation. Denken wir nur an das gewaltige Echo, das allein die Qumran-Rollen ausgelöst haben. Jede einzelne alexandrinische Rolle, die versteckt unter der Erde lagert, könnte demnach unser Wissen enorm erweitern und wäre unbezahlbar wertvoll.

Fest steht leider ferner: Mit Kleopatras Selbstmord 30 v. Chr. endet die Epoche des pharaonischen Ägyptens, das von nun an römische Provinz ist. Und somit enden an dieser Stelle auch meine Geschichten über Pharaonenschätze, die noch zu finden sind.

Dabei habe ich gut 3000 Jahre Historie durchschritten, viele Fragen aufgeworfen, leider nur wenige beantwortet. Selbstverständlich konnte ich nicht sämtliche Schätze, die noch auf der (gedanklichen) Suchliste der Wissenschaftler stehen, hier berücksichtigen. Vielmehr war meine Auswahl rein subjektiv und von vornherein durch den Umfang der Buchseiten begrenzt. So blieben viele Themen ausgespart. Genannt seien hier das verlorene Heer des Kambyses oder die Sakolta-Legende, die schon zahlreiche Schatzsucher in ihren Bann zog, aber auf deren Spuren auch bereits etliche Glücksritter statt des ersehnten Goldes einen grausamen Tod fanden, wie auch die »Süddeutsche Zeitung« am 6. Juli 1995 zu berichten wusste: »Ein Ägypter«, druckte sie damals, »ist bei der Suche nach einem legendären Goldschatz der Pharaonen verdurstet. Seine von Krähen zerfressene Leiche wurde auf dem Berg Sakolta …« Aber halt: Damit wäre ich ja schon wieder in einer ganz anderen Geschichte …

19
Kurna 2004

Für ein paar Mumien mehr: Ein Stück ägyptischer Gegenwartsgeschichte stirbt.

Scheich Ali ist tot. Zwei seiner Nachfahren treten im März 2002 in Thomas Gottschalks ZDF-Show »Wetten dass …?« auf. Mit Charme und Witz – und der ererbten Fähigkeit zur Schlitzohrigkeit – gewinnen sie im Handumdrehen die Sympathie der Zuschauer.

Derweil verschwindet Kurna. Die Behörden wollen das antike Feld unter den Häusern des Dorfes archäologisch erkunden lassen – als hätte Ägypten nicht Areale in Hülle und Fülle, die es zu erforschen lohnt.

Aber Ägypten hat nur »ein Kurna«. Mit diesem Dorf, mit dem Clan der Rassuls, verbindet sich alles, was wir mit Ägyptens Schätzen assoziieren: wertvolle Horte, vermummte Grabräuber, schwitzende Ägyptologen, unentdeckte Pharaonen, versiegelte Türen und, und, und. All das wird durch dieses Dorf und seine Bewohner symbolisiert.

Aber gerade das scheint dem alten Ort nunmehr auch den Todesstoß zu versetzen. So schreibt Detlef Hopp in der Ägypten-Zeitschrift »Kemet«: »… natürlich gibt es auch heute noch genügend Geschichten, die sich um das Dorf ranken. Manche glauben, hier würden seit Generationen Grabschätze gehütet, viele suchen, andere kennen angeblich noch verborgene Schätze.« Und er wirft daraus resultierend völlig zu Recht die Frage auf: »Vermag dies vielleicht die Archäologie zu beflügeln?«

Kurna stirbt langsam. Jahr für Jahr ein Stückchen mehr. Halb eingerissene Lehmziegel-Häuser sind die traurigen Symbole der Behördenwillkür. Was dabei vergessen wird: Mit Kurna stirbt ein Stück von Ägyptens lebendiger Gegenwartsgeschichte – und die ist mit keinem Pharaonenschatz aufzuwiegen.

Denn Schätze sind leblose Gegenstände. Ihre Magie aber, ihren Zauber und ihre Faszination erhalten sie erst durch die Menschen, die von ihnen träumen oder die gar tatsächlich nach ihnen suchen. Zu ihnen zählten zweifellos die Bewohner von Kurna.

Und die noch relativ junge Wissenschaft Ägyptologie hat sich einen »Bärendienst« erwiesen. Sie mag vielleicht in den Höhlen über Kurna und den Schächten unter dem Dorf die eine oder andere neue Erkenntnis gewinnen. Mit der Planierung der Kleinsiedlung verliert sie aber zugleich ein Stück der eigenen Historie – ein erhebliches sogar. Denn vieles, was Gegenstand ägyptologischer Forschungen war und ist, zahlreiche Exponate, die heute ihre Museen zieren, verdankt diese Fachdisziplin letztlich den Bewohnern dieses armseligen Ortes. Ich kenne keine andere Wissenschaft, die es erlauben würde (und in Teilen sogar auch noch selbst aktiv darauf hingewirkt hat), dass ein – wenn auch zwiespältiges – Symbol ihrer Geschichte buchstäblich vom Erdboden verschwindet.

20
Anhang

Literatur – Glossar – Bildquellen – Zeittafel – Danksagung – Karte des Alten Ägypten – Register

Literatur

Aldred, Cyril: »Echnaton. Gott und Pharao Ägyptens«, Reihe: »Neue Entdeckungen der Archäologie«, Lübbe, Bergisch-Gladbach/1968

Andrews, Richard: »Tempel der Verheißung. Das Geheimnis des heiligen Berges.«, Lübbe, Bergisch-Gladbach/1999

Beltz, Walter: »Die Mythen der Ägypter«, Claassen, Düsseldorf/1982

Boyer, Arne und Wickmann, Peter: »Der Schatz des Pharao«, in: »Quick«, München/16. März 1988

Brackman, Arnold C.: »Sie fanden den goldenen Gott. Das Grab des Tutanchamun und seine Entdeckung«, Lübbe, Bergisch-Gladbach/1978

Brambach, Joachim: »Kleopatra: Herrscherin und Geliebte«, Diederichs (Lizenzausgabe), München/1995

Brier, Bob: »Der Mordfall Tutanchamun«, Piper, München-Zürich/2000

Brugsch, Heinrich: »Geschichte Ägyptens unter den Pharaonen«, Leipzig/1877

Bürgin, Luc: »Geheimer Tunnel unter der Sphinx«, in: »mysteries« Nr. 1, Basel/Januar-Februar 2004

Bürgin, Luc: »Rätsel der Archäologie: Unerwartete Entdeckungen, Unerforschte Monumente«, Herbig, München/2003

Carter, Howard und Mace, Arthur C.: »Tut-ench-Amun, ein ägyptisches Königsgrab«, Brockhaus, Leipzig/1924

Ceram, C. W.: »Ruhmestaten der Ägyptologie. Götter, Gräber und Gelehrte in Dokumenten«, Rowohlt, Reinbeck/1965

Clayton, Peter: »Die Pharaonen, Herrscher und Dynastien im alten Ägypten«, Econ, Düsseldorf/1995

Cottrell, Leonard: »Das Geheimnis der Königsgräber«, Diana, Baden-Baden und Stuttgart/1952

Ehlebracht, Peter: »Haltet die Pyramiden fest! 5000 Jahre Grabraub in Ägypten«, Econ, Düsseldorf-Wien/1980

El Mahdy, Christine: »Tutanchamun. Leben und Sterben des jungen Pharao«, Karl Blessing, München/2000

Ercivan, Erdogan: »Fälscher und Gelehrte«, Kopp, Rottenburg/2002

Erman, Adolf: »Die Religion der Ägypter«, de Gruyter, Berlin/1968

Faßler, Kristina: »Das Ende eines Welträtsels«, in: »Vision und Technik«, Berlin/Mai 1991

Gander, Manuela: »Die antike Bibliothek in Alexandria«, in: »Kemet«, Nr. 3, Berlin/2004

Glassmann Gary und Wall Chris: »Imhotep«, Film des »Discovery Channel«, bearbeitete Fassung für das »Zweite Deutsche Fernsehen«, Mainz/2002

Goneim, Mohammed Zakaria: »Die verschollene Pyramide«, Brockhaus, Wiesbaden/1955

Goyon, Georges: »Die Cheops-Pyramide: Geheimnis und Geschichte«, Lübbe, Bergisch-Gladbach/1979

Graichen, Gisela: »Das Geheimnis der Mumien aus der Elbe«, in: »Hamburger Abendblatt«, Hamburg, 06. 12. 2003

Graichen, Gisela: Artikel: »Wem gehört der Schatz aus Ägypten?«, 06. 12. 2003

Grant, Michael: »Kleopatra. Eine Biographie«, Lübbe, Bergisch-Gladbach/1977

Hancock, Graham: »Die Wächter des heiligen Siegels. Auf der Suche nach der verschollenen Bundeslade«, Lübbe, Bergisch Gladbach/1992

Hopp, Detlef: »Alt-Qurna verschwindet«, in: »Kemet«, Berlin, 4/2001

Hoving, Thomas: »Der goldene Pharao Tut-ench-Amun«, Scherz, Bern und München/1978

Jacq, Christian: »Das Tal der Könige: Geschichte und Entdeckung eines Monuments der Ewigkeit«, Rotbuch, Hamburg/1998

Jacq, Christian: »Die Pharaonen. Große Herrscher des alten Ägypten«, rororo, Reibeck /Juli 1999

James, Stanley: »Missing Pharaohs: Missing Tombs«, 1986

Keller, Werner: »Und die Bibel hat doch recht. Forscher beweisen die historische Wahrheit«, Econ, Düsseldorf-Wien/1955, Auflage vom März 1971

Krauss, Rolf: »Zum Befund im thebanischen Königsgrab Nr. 62«, in: »Mitteilungen der deutschen Orient-Gesellschaft«, Berlin/1986

Krauss, Rolf: unveröffentlichte Artikel-Stoffsammlung 2004

Lauer, Jean-Philippe: »Saqqara. Die Königsgräber von Memphis«, Lübbe, Bergisch-Gladbach/1977

Lehner, Mark: »Das erste Weltwunder«, Econ, Düsseldorf und München/1997

Lippert, Helga: »Operation Sethos. Mit Hightech ins Grab des Pharao«, Weltbild, aus der Reihe »Terra X«, Augsburg/ohne Jahr

Manley, Bill: »Die siebzig großen Geheimnisse des alten Ägyptens«, Frederking & Thaler, München/2003

Martin, G. T.: »The Royal Tomb at El-Amarna 2: the reliefs, inscriptions and architecture«, London

Muck, Otto: »Cheops und die große Pyramide. Die Glanzzeit des altägyptischen Reiches.«, Walter, Olten und Freiburg im Breisgau/1958

Nasrawi, Salah: »Kapellen entdeckt«, in: »Münchner Merkur«, München, 23. Mai 1995

Nehls, Harry: »Der Altertumsforscher Nicolaus Johann Heinrich Benjamin Freiherr Menu von Minutoli (1772–1846)«, in: »Forschungen und Berichte 31« der Staatlichen Museen zu Berlin, Henschel, Berlin/1991

Nehls, Harry: »Menu v. Minutoli. Dem Berliner Altertümersammler zum Gedenken«, in: »Museums Journal« Nr. 1/1997

Nehls, Harry: Sonderdruck aus: »Neue Deutsche Biographie«, 17. Band, Duncker & Humblot, Berlin/1994

Nowel, Ingrid: »G. Belzoni: Entdeckungsreisen in Ägypten 1815–1819«, DuMont , Köln/1982

o. N.: «Biblische Epoche hat nie stattgefunden«, in: »Münchner Merkur«, München, 30. 10. 1999

o. N.: «Rätsel aus Stein«, in: «Der Spiegel«, Nummer 42, Hamburg/1991

o. N.: »Archäologie. Sensationeller Fund – 2000 Jahre alte Mumienlocke aufgetaucht«, in: »NDR-Online«, o. J.

o. N.: »Das Testament des Pharao«, in: »Der Spiegel«, Nummer 26, Hamburg/1997

o. N.: »Die Chefren-Pyramide behält ihr Geheimnis«, in: »Die Welt«, Berlin, 11. Dezember 1974

o. N.: »Eine 2000-jährige Locke aus der Elbe aufgetaucht«, in: »Süddeutsche Zeitung«, München, 06. 12. 2004

o. N.: »Suche nach dem Pharao«, in: »Der Spiegel«, Hamburg

o.N.: »Hochtechnologie soll des Cheops Rätsel lüften«, in: »Hockenheimer Nachrichten« vom 23. 07. 1988

o.N.: »Mumien mit Goldmaske bei Sakkara gefunden«, in: »Süddeutsche Zeitung«, München, 09. 03. 1983

o.N: »Geheimkammern in der Cheopspyramide«, in: »Süddeutsche Zeitung«, München, 20. 05. 1986

Odenwald Michael: »Das Geheimnis der Grabkammer«, in: »Hobby«, Nummer 22, Stuttgart, 16. 10. 1978

Otto, Eberhard und Hirmer, Max: »Osiris und Amun: Kult und heilige Stätten«, Hirmer, München/1966

Paulsen, Hubert: »Den Store Pyramid«, Gyldendal, Dänemark/1980

Rachet, Guy: »Lexikon des alten Ägypten«, Patmos, Düsseldorf-Zürich/2002

Reeves, Nicholas: »The final chapter«, in: »Aramco World«, Washington D. C. und Houston/November und Dezember 1988

Reeves, Nicholas und Wilkinson, Richard H.: »Das Tal der Könige: Geheimnisvolles Totenreich der Pharaonen«, Econ, Düsseldorf/1997

Reeves, Nicholas: »Faszination Ägypten. Die großen archäologischen Entdeckungen von den Anfängen bis heute«, Frederking und Thaler, München/2001

Reeves, Nicholas: »Echnaton«, Philipp von Zabern, Mainz/2002

Sandmeyer, Peter: »Späte Rache der Pharaonen«, in: »Stern«, Nr. 41, Hamburg/1991

Sauneron, Serge: »Lexikon der ägyptischen Kultur«, Droemer, München-Zürich/1960

Schlögl, Hermann Alexander: »Echnaton – Tutanchamun, Daten – Fakten – Literatur«, Sammlung Harassowitz, Wiesbaden/1993

Schmidt-Polex, Carl: »Der Schatz des Pharao«, in: »Bunte Illustrierte«, München/1988

Schulz, Mathias: »Insel in der Unterwelt«, Spiegel Online, 30. 10. 2000

Schulze, Peter H.: »Auf den Schwingen des Horus. Die Geburt der altägyptischen Hochkultur«, Lübbe, Bergisch-Gladbach/1980

Schulze, Peter H.: »Frauen im Alten Ägypten. Selbständigkeit und Gleichberechtigung im häuslichen und öffentlichen Leben«, Lübbe, Bergisch-Gladbach/1987

Shaw, Ian und Nicholson Paul: »Reclams Lexikon des alten Ägypten«, Reclam, Stuttgart/1998

Siliotti, Alberto: »Tal der Könige – Begräbnisstätte der Pharaonen«, Karl Müller, Erlangen/2000

Simon, Stefan: »Der Sarg, der aus der Kiste kam», in: »Süddeutsche Zeitung« München, 21. 10. 1999

Stadelmann Rainer: »Die großen Pyramiden von Giza«, Graz/1990

Stanglmeier G. F. L. und Biffiger, Beat: »Der Tut-anch-Amun-Skandal. Es war alles ganz anders.«, Argo, Marktoberdorf/2004

Stierlin, Henri und Ziegler, Christiane: »Tanis: Vergessene Schätze der Pharaonen«, Hirmer, München/1987
Stöber, Harald: »Herr der Götter«, Mehr Wissen, Düsseldorf/1987

Telefonisches Interview mit Peter Baltes am 07. 02. 2005
Thomas, Elizabeth: »Cairo Ostracon J.72460«, in Honor of George R. Hughes, Studies in: »Ancient Oriental Civilization 39«, Oriental Institute, Chicago/1976.
Tompkins, Peter: »Cheops«, Scherz, Bern-München-Wien/1975
Turner, Liz: »Schatzsucher bohren Loch in die Cheops-Pyramide«, in: »Abendzeitung«, München, 05. 09. 1986
Tyldesley, Joyce: »Ägyptens Sonnenkönigin, Biographie der Nofretete«, Limes, München/1999

Vandenberg, Philipp: »Das Tal. Auf den Spuren der Pharaonen«, Bertelsmann, München/1982
Vandenberg, Philipp: »Der Fluch der Pharaonen. Moderne Wissenschaft enträtselt einen Jahrtausende alten Mythos«, Scherz, Bern und München/1973
Vandenberg, Philipp: »Der vergessene Pharao. Unternehmen Tutench-Amun. Das größte Abenteuer der Archäologie«, Bertelsmann, München/1978
Verner, Miroslav: »Die Pyramiden«, Rowohlt, Reinbek/1998
Volkmann, Hans: »Kleopatra: Politik und Propaganda«, R. Oldenbourg, München/1953

Weeks, Kent R.: »Ramses II.: Das Totenhaus der Söhne«, Droemer Knaur, München/1999
Wildung, Dietrich: Brief im Archiv des Verfassers
Wolf, Walther: »Das alte Ägypten«; Deutscher Taschenbuch Verlag, München/1971
Wolf, Walther: »Funde in Ägypten: Geschichte ihrer Entdeckung«, Musterschmidt, Göttingen/1966

Yoshimura, Sakuji, und andere: in: »Studies in Egyptian Culture No. 6«, Waseda University, Tokio/1987

Internet:
http://www.semataui.de/AR/04-06.htm

Glossar

Abydos: Stadt in Oberägypten, seit der 5. Dynastie Zentrum der Verehrung des Totengottes Osiris. Der Legende zufolge soll an diesem Ort der Kopf des Osiris bestattet liegen.

Ägyptologie: Wissenschaftsdisziplin zur Erforschung der altägyptischen Kultur.

Cachette: Name für geheime, antike Mumiendepots (oder auch für Statuen). Die wohl bekannteste Cachette ist die von Deir el-Bahari.

Dynastie: Bezeichnung für ein altägyptisches Herrschergeschlecht. Am bekanntesten ist wohl die 18. Dynastie mit Königen wie Thutmosis III., Amenophis III., Echnaton und Tutanchamun.

Elle: Altägyptische Maßeinheit mit ungefähr 52,5 Zentimeter Länge. Die Elle ist teilweise auch Berechnungsgrundlage zur theoretischen Bestimmung von noch verborgenen Kammern in den Pyramiden.

Fellache: Angehöriger der arabischen Landbevölkerung, meist Ackerbau betreibend.

Hort: Anderer Begriff für wertvolle Schätze, zumeist in Verbindung mit Schätzen von Herrschern (zum Beispiel Nibelungenhort) gebräuchlich.

Kammersystem: Begriff, der zumeist in Verbindung mit der räumlichen Anordnung von Kammern und Gängen in den Pyramiden gebraucht wird.

Kenotaph: Ein Kenotaph ist ein Scheingrab. Der Besitzer wurde an anderer Stelle beigesetzt. Das Scheingrab diente nicht als letzte Ruhestätte, sondern war vielmehr eine Art Kultstätte.

Legenden: Unglaubwürdige, sagenhafte alte Erzählungen.

Mastaba: Arabisch, wörtlich »Bank«. Meist ein quaderförmiger »Aufsatz« auf den Gräbern von Adeligen und Beamten mit unterirdischen Grab- und Kulträumen.

Mumie: Der dehydrierte Körper eines Toten, der zur Erhaltung des Leichnams präpariert und mit Stoffbinden umwickelt wurde.

Oase: Wassereiche Regionen inmitten der Wüste.

Papyrus: Eine Sumpfpflanze. Mittels eines Spezialverfahrens stellten die Ägypter aus ihr Schriftrollen her. Aus dem Begriff »Papyrus« ist unser Wort »Papier« abgeleitet.

Pharao: Begriff, der allgemein für altägyptische Herrscher verwendet wird. In Wahrheit wurde der König jedoch erst ab dem neuen Reich so bezeichnet. »Pharao« als Titel wurde sogar erst ab der 22. Dynastie gebräuchlich. Wörtlich heißt Pharao »großes Haus« und meinte damit ursprünglich den königlichen Palast.

Sarkophag: Bezeichnung für eine meist aus Holz oder Stein gefertigte Leichenwanne, in der die Mumien (in einem oder mehreren Särgen) zur letzten Ruhe gebettet wurden.

Sphinx: Sammelbegriff für Darstellungen und Abbildungen altägyptischer Mischwesen. Meist bestehen sie aus dem Leib eines Löwen mit aufgesetztem Pharaonenkopf.

Supreme Council of Antiquities: Ägyptische Altertümerverwaltung. Zuständig für sämtliche archäologischen Belange im Nilland.

Syringe: Von den antiken Griechen eingeführter Begriff für die langen Felsengräber der Pharaonen, die sie an die ähnlich geformten Hirtenflöten (»Syrinx« genannt) erinnerten.

Tell el-Amarna (meist in der Kurzform »Amarna« gebraucht): Moderner Name für die von Pharao Echnaton errichtete neue Hauptstadt Ägyptens »Achet-Aton«. Sie war das Zentrum der Aton-Verehrung und somit des ersten Monotheismus der Weltgeschichte.

Uschebti: Kleines Abbild des Verstorbenen aus Fayence, Ton, Holz oder Stein. Häufige Grabbeigabe.

Wadi: Arabische Bezeichnung für ein Trockental. Zu dieser Landschaftsform gehört beispielsweise das berühmte Tal der Könige.

Bildquellen

akg-images (Berlin): 40
Andreas F. Voegelin (Antikenmuseum Basel und Sammlung Ludwig): 14
Archiv Beat Biffiger: 18, 27, 28, 29, 33, 38, 41
Archiv Erich von Däniken & R. Gantenbrink (Beatenberg): 15
Archiv Erich von Däniken (Beatenberg): 36, 43
Archiv Kühn: 6, 7, 8, 9, 10, 16, 19, 20, 25, 26, 31, 32, 34, 35, 37, Vor- und Nachsatz
Archives de l'Institut d'Égyptologie de l'Université Marc Bloch, Strasbourg II, UMR 7044: 39
Ashmolian Museum – Griffith Institute (Oxford): 24
Bitterwolf-Grafik: 11, 12
Harald Kossack (Harsewinkel): 1
Museum für Kunst und Gewerbe (Hamburg): 3
Nicholas Reeves (Eton College): 30
Peter Baltes (Cuxhaven): 2
Photoarchiv Werner (Kraiburg a. Inn): 13
R. und J. Schwibode (Cartagena): 17
Risto Hurmalainen (Helsinki): 22
Staatliche Museen zu Berlin, Preußischer Kulturbesitz: 4, 5, 21, 23, 42

Zeittafel

Ich folge hier der traditionellen Unterteilung der altägyptischen Kultur in einzelne Zeitabschnitte beziehungsweise Epochen. Sämtliche Jahresangaben können nur ungefähre Zeiträume umfassen. Die aufgelisteten Dynastien und Herrscher haben mehrheitlich Bezug zu Kapiteln dieses Buches. Hinsichtlich der chronologischen Abfolge habe ich mich meist an Peter A. Clayton, »Die Pharaonen: Herrscher und Dynastien im alten Ägypten«, Düsseldorf 1995, orientiert.

Epochenbezeichnung	**Zeitraum**	**Dynastien und Pharaonen**
Prädynastische Epoche	bis 3150 v. Chr.	
Frühdynastische Epoche	ab 3150–2686 v. Chr.	0. Dynastie
		Skorpion
		Narmer
		1. Dynastie
		Djer
		Dewen
Altes Reich	2686–2181 v. Chr.	3. Dynastie
		Djoser
		Sechemchet
		4. Dynastie
		Cheops
		Chefren
		Mykerinos
Erste Zwischenzeit	2181–2040 v. Chr.	7.–10. Dynastie
Mittleres Reich	2040–1782 v.Chr.	11. Dynastie
		Mentuhotep I.

		12. Dynastie
		Senwosret II.
Zweite Zwischenzeit	1782–1570 v. Chr.	15.–17. Dynastie
Neues Reich	1570–1070 v.Chr.	18.–20. Dynastie
	1570–1293 v. Chr.	18. Dynastie
		Amenophis I.
		Thutmosis I.
		Thutmosis II.
		Hatschepsut
		Thutmosis III.
		Amenophis II.
		Thutmosis IV.
		Amenophis III.
		Echnaton
		Semenchkare
		Tutanchamun
		Eje
		Horemhab
	1293–1185 v. Chr.	19. Dynastie
		Ramses I.
		Sethos I.
		Ramses II.
		Merenptah
		Amenmesse

		Sethos II.
		Siptah
		Tausret
	1185–1070 v. Chr.	20. Dynastie
		Sethnacht
		Ramses III.
		Ramses IV.
		Ramses V.
		Ramses VI.
		Ramses VII.
		Ramses VIII.
		Ramses IX.
		Ramses X.
		Ramses XI.
Drittes Zwischenreich	1069–525 v. Chr.	21. Dynastie
		Smendes I.
		22. Dynastie
		Scheschonk I.
		Osorkon I.
		Psusennes II.
		Osorkon II.
Spätzeit	525–332 v. Chr.	30. Dynastie
Ptolemäische Dynastie	305–30 v. Chr.	Ptolemäus XIII.
		Kleopatra VII.

Danksagung

Wie viele Menschen haben ihre Hände im Spiel, bevor ein Leser das Buch seiner Wahl in Händen halten kann?

Ich möchte mich beim Herbig-Verlag bedanken. Und dann sind da die beiden Ägyptologen – zwei »unehrenhafte Gesellen« ihrer Zunft, die sich dazu herabgelassen haben, einem Hobby-Ägyptologen mit Rat, aber auch mit Tat zur Seite zu stehen. Die beiden »schwarzen Schafe« bleiben, wie gewünscht, anonym. Ich hoffe, die beiden Experten werden mir die von mir verursachten Fehler in diesem Buch nachsehen. Die Zwei trifft an meinen sachlichen und fachlichen Defiziten keinerlei Schuld.

Wieder zu nennen sind Frau Prof. Claudia T. in Kassel, Frau Prof. Anna-Elisabeth T. in München und Prof. Hans D. in München. Sie haben mich gesundheitlich auch »durch dieses Buch« gebracht. Ein Wort des Dankes wäre viel zu banal. Diese drei sind der lebende Beweis dafür, dass Medizin mehr, viel mehr ist als das Verordnen von Pillen oder das Operieren von Organen.

Gleiches gilt für Stefan J.: ob Werktag oder Sonntag, ob Feiertag oder Urlaub: Wenn ich ihn rief, war er da. Wer will seinen Anteil an diesem Buch ermessen?

Was Gerd D. für diesen Band geleistet hat, ist einzigartig und hat Vorbildcharakter. Ich werde nie begleichen können, was er von einer auf die andere Sekunde an Engagement und Energie in dieses Projekt gesteckt hat. Er war da, als ich ihn am nötigsten brauchte – sofort, bedingungslos und ohne jegliche Einschränkung.

Wie soll man einem Menschen danken, der seinen Urlaub von einer Minute auf die andere unterbricht, um 100, 200 oder weiß Gott wie viele Kilometer bei 37 Grad Außentemperatur zurückzulegen, um noch rasch ein Foto für dieses Buch zu knipsen. Uschi W. hat's getan.

Im Rahmen eines Buchprojekts lernt man viele Menschen kennen. Menschlich, charakterlich und fachlich war Luc. B. die positivste und zugleich angenehmste Erfahrung bei diesem Projekt. Mir fällt dazu ein (abgewandelter) Spruch des »Apollo 13«-Kommandanten James Lovell ein: »Gentlemen, es war mir eine Ehre, mit Ihnen zusammenzuarbeiten.«

Hermann H. brachte mich durch seine wertvolle Übersetzungsarbeit den Geheimnissen des »Tals der Könige« einen Siebenmeilenschritt näher.

Und da ist natürlich »mein schlechtes Gewissen« Heinz L. alias »Herr Jente«. Er war wieder ein treuer, stets loyaler und zuverlässiger Gefährte.

André L. bildete erneut die »Recherchen-Feuerwehr«, mit 24-stündiger Dienstzeit pro Tag. Es war mir eine große Beruhigung, ihn als »Joker« im Hintergrund zu wissen.

Ein letzter Dank gilt Kater Niwi, dem »King von der Shiloh-Ranch«. Seine Tatze fand stets treffsicher an der (un)passendsten Stelle im absolut falschen Augenblick die Löschtaste auf dem Computer – das erleichterte die Manuskripterstellung ungemein …

Auf der Ranch, im Frühsommmer 2005 *G. F. L. Stanglmeier*

Karte des Alten Ägypten

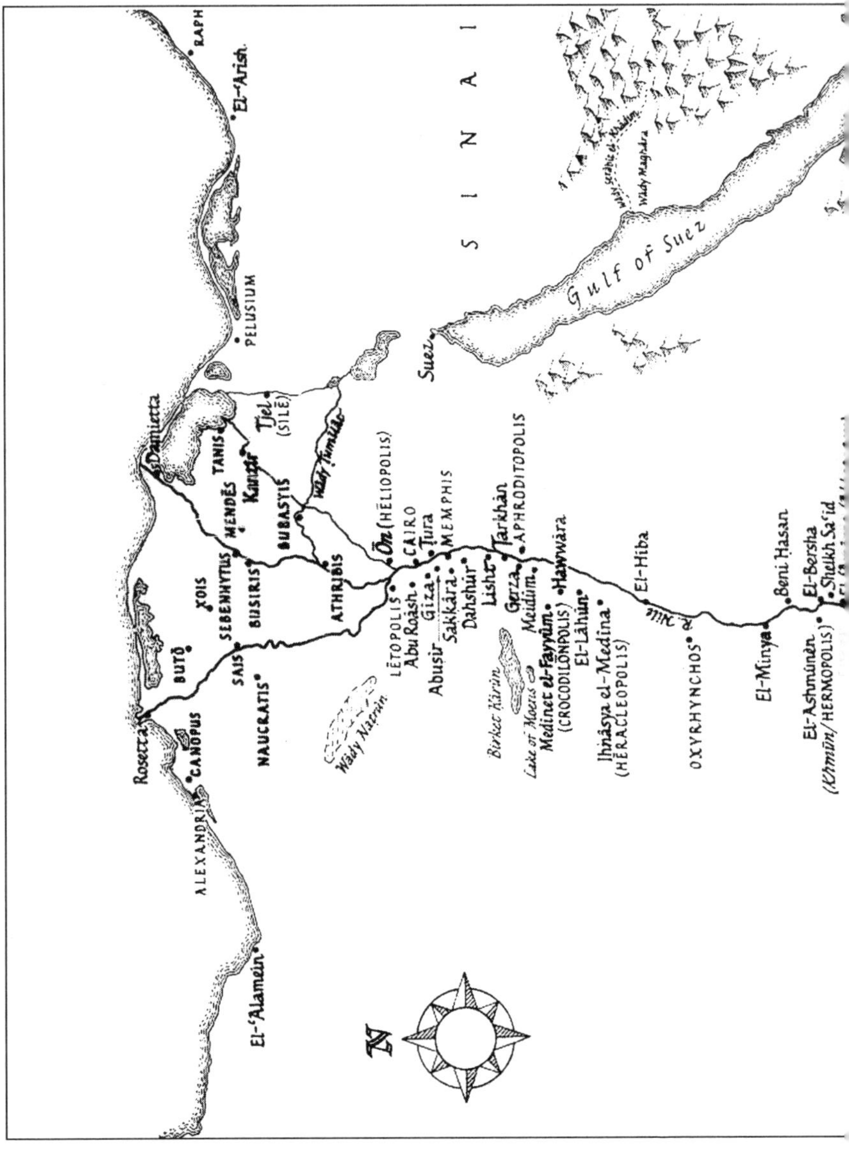

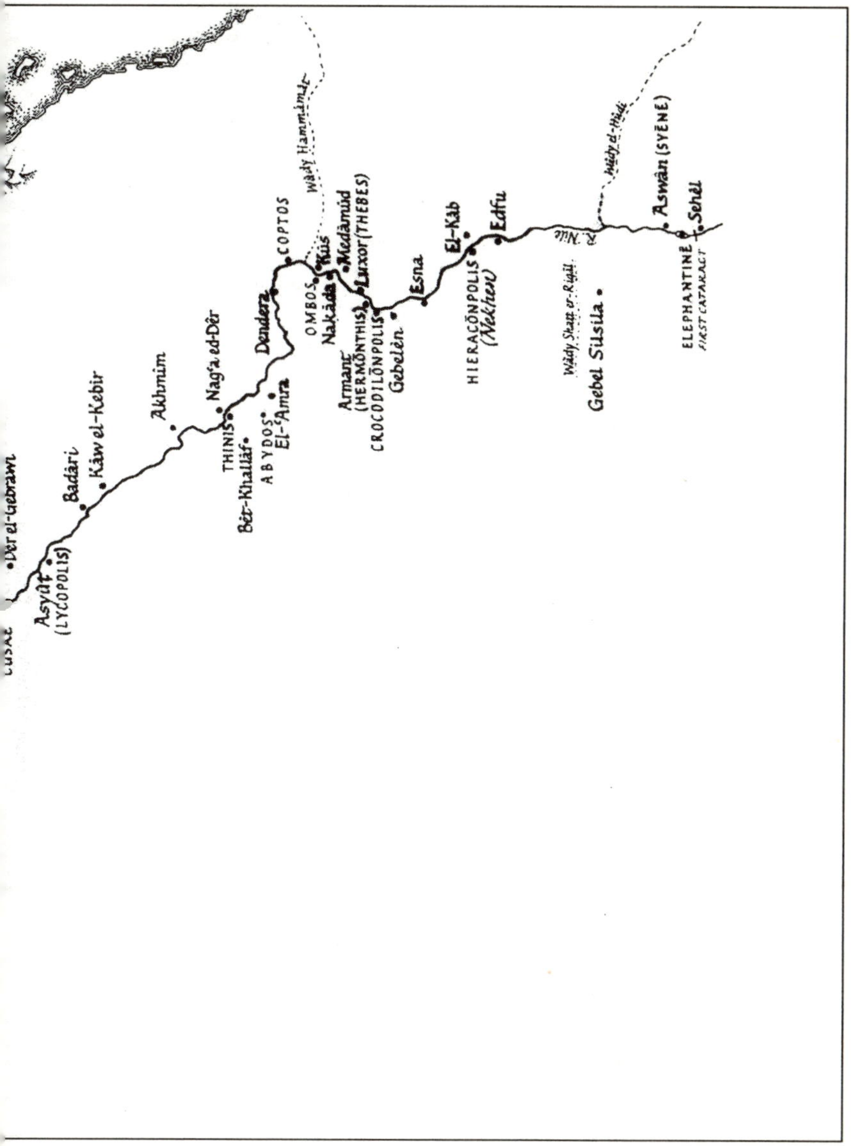
Asyût
(LYCOPOLIS)
Dêr el-Gebrâwi
Badâri
Kâw el-Kebir
Akhmim
Nag' ed-Dêr
THINIS
Bêt-Khallâf
ABYDOS
El-ʿAmra
Denderah
COPTOS
Wâdy Hammâmât
OMBOS
Nakâda
Kûs
Medâmûd
Luxor (THEBES)
Armant
(HERMONTHIS)
CROCODILONPOLIS
Gebelên
Esna
El-Kâb
HIERACONPOLIS
(Nekhen)
Edfu
R. Nile
Wâdy Shatt er-Rigâl
Gebel Silsila
Wâdy el-Hûdi
Aswân (SYENE)
Sehêl
ELEPHANTINE
FIRST CATARACT

Register